INGE WOLFF

Anti-Blamier-Knigge

So verbessern Sie Ihren Auftritt

Inhalt

Mit Brief und Siegel – so ist es in der Schriftform modern

4 Einladungen – so zeigen Sie sich von Ihrer besten Seite

Vorwort

Es gibt eine Höflichkeit des Herzens;
sie ist der Liebe verwandt. Aus ihr entspringt die bequemste Höflichkeit des äußeren Betragens.

Johann Wolfgang von Goethe

Vielleicht erscheint Ihnen,
sehr geehrte Leserin, sehr geehrter Leser,

das Wort »Liebe« im Zusammenhang mit »Höflichkeit« auf den ersten Blick als überzogen, exaltiert oder gar völlig fehl am Platz. Das könnte ich gut verstehen. Denn »Liebe« wird ad hoc meist mit »Liebesbeziehung«, also erotischen Aspekten, in Verbindung gebracht. Doch schon das Wort »verwandt« in Goethes Aussage eröffnet ein großes Spektrum anderer Deutungsmöglichkeiten. Und in Verbindung mit »Höflichkeit des Herzens« gibt es mir die Gelegenheit, Ihnen meine Interpretation des Dichterwortes nahe zu bringen: »Es gibt ein Verhalten, das Herzensgüte und Humanität entspringt. Es basiert auf der Wertschätzung und Zuwendung, die jedem Menschen entgegengebracht wird. Diese Grundlage lässt angenehmen Umgang miteinander leicht werden und wirkt doppelt positiv – nach innen und nach außen.«

In diesem Sinne wünsche ich Ihnen viel Spaß mit modernen Umgangsformen

Inge Wolff

1 Noch kein Wort gesagt – und schon kann's danebengehen

→ Falsche oder ungeschickte Formulierungen können verärgern, reizen, Unfrieden stiften, nerven, verletzen – kurz: den angenehmen Umgang miteinander stören. Das ist den meisten Menschen sehr wohl bewusst. Weit weniger beachtet dagegen wird die Tatsache, dass auch nonverbale Signale oder »Unterlassungssünden« den gleichen negativen Effekt haben.

Moderne Umgangsformen – steifes Korsett oder grenzenlose Freiheit?

»Umgangsformen-Regeln – so ein Quatsch! Heute kann doch jeder tun und lassen, was er will. Schließlich leben wir in einem freien Land und in einer Zeit der Selbstverwirklichung.« »Etikette-Normen – wie schrecklich. Die lassen doch überhaupt keinen Raum für persönliche Entscheidungen und individuelles Verhalten.« Zwei Argumente, die oft zu hören sind, denen zu widersprechen sich jedoch lohnt.

» Die Freiheit besteht darin, dass man alles das tun kann, was einem anderen nicht schadet. « Matthias Claudius

Vermutlich kennen Sie ebenfalls eine ganze Reihe geflügelter Worte zum Thema »Freiheit«. Den Gedanken von Matthias Claudius finden Sie zum Beispiel auch – nur völlig anders ausgedrückt – in einem Satz, der aus den USA stammt: »Das Recht, mit der Faust um sich zu schlagen, hört auf, wo die Nase des Mitmenschen anfängt.« Die Essenz dieser Definitionen bedeutet mit Blick auf gute Umgangsformen: Das Recht und die Freiheit, alles tun und lassen zu können, was ein Mensch will, enden, sobald er nicht allein ist. Der Grund: In dem Augenblick, in dem Sie mit einer anderen Person in Kontakt treten, gehen Sie mit ihr um – auf welche Weise auch immer. Das kann mündlich sein oder schriftlich, telefonisch, bei einem persönlichen

Treffen oder mithilfe moderner Kommunikationsmedien wie SMS oder E-Mail. Und jedes Miteinander-Umgehen findet in irgendeiner Form statt. Fragt sich nur, in welcher? Bitte betrachten Sie das Wort »Umgangsform« einmal von hinten nach vorn. Die Form, wie Sie mit einem Menschen umgehen, erweckt in ihm eine Empfindung. Ob diese angenehm oder unangenehm ist, hängt erstens davon ab, wie Sie sich verhalten. Und zweitens spielt natürlich auch die Vorstellung Ihres Gegenübers von dem, was es unter einem »angenehmen Umgang« versteht, eine Rolle.

Generationskonflikt – ein alter Hut mit Novitäten

Die Szene: Jelena, 13 Jahre alt, besucht ihre Urgroßmuter. »Hey, wie geht's?«, fragt sie beim Kommen und hebt als Gruß leicht die rechte Hand in die Luft. Ehe Jelena sich setzt, dreht sie sich einmal um die eigene Achse und sagt: »Schau mal, Omini, ich hab' mich extra schick gemacht für dich. Sieht das nicht echt geil aus?« Entsetzt und verärgert schimpft die alte Dame: »Gebrauch gefälligst nicht solche schrecklichen Ausdrücke! Und außerdem: Schick nennst du das? Billig siehst du aus mit diesem Fetzen von Oberteil und dem bloßen Bauch – richtig unanständig. Dass deine Mutter dich so überhaupt aus dem Haus lässt … Und diese fürchterliche Hose – schlimmer als ein Kartoffelsack! Ich werde ihr wohl mal sagen müssen, dass sie dir nicht alles durchgehen lassen soll. Nicht mal ordentlich begrüßen kannst du einen!« Damit stürzt sie ans Telefon und ruft ihre Enkelin an. Jelena ist beleidigt. Sie wartet nicht einmal ab, bis ihre Urgroßmutter das Telefonat beendet hat, in dem sie sich lautstark über die »verlotterte Jugend von heute« auslässt. Wütend knallt Jelena beim Weggehen die Tür hinter sich zu. Bei ihrer Mutter beschwert sie sich anschließend über die »total verknöcherte, rückständige, gemeine« Urgroßmutter.

Welche Reaktion von Jelenas Mutter ist Ihr Favorit?

1 SIE SAGT ZU JELENA: »Alte Menschen sind nun mal rückständig und leben in einer anderen Zeit. Damit musst du dich eben abfinden.«

2 SIE SAGT ZU IHRER GROSSMUTTER: »Ob dir das nun gefällt oder nicht. Du kannst das Rad der Zeit nicht zurückdrehen. Gewöhn dich also endlich mal an Modernes. Alle jungen Mädchen laufen heute so rum. Lass deshalb gefälligst Jelena in Ruhe mit deinen Erziehungsversuchen – und mich bitte ebenfalls.«

3 SIE SAGT ZU JELENA: »Ich kann verstehen, dass du wütend und traurig bist. Bitte überleg jedoch auch einmal, dass Uromi sich nur deshalb so aufgeregt hat, weil sie eine ganz andere Sichtweise hat als du. Sie versteht unter einer ›richtigen‹ Begrüßung eben nicht das lockere ›Hey‹, ohne die Hand zu geben. Und dass sie die flippige Mode von heute nicht begeistert und sie Modewörter, die in ihrem Sprachschatz als unanständig gelten, nicht toll findet, ist doch auch verständlich, oder? Ich habe ihr am Telefon gesagt, dass ich dir in Zukunft mehr von früher erzählen werde und ihr mehr von der heutigen Jugend – die ja überhaupt nicht in Bausch und Bogen ›verlottert‹ ist. Du bist es auf jeden Fall nicht. Das habe ich Omini bereits klar gemacht. Du bist halt nur in manchen Dingen noch nicht erfahren genug, etwa was den Umgang mit sehr viel älteren Menschen angeht. Aber das kriegen wir gemeinsam schon hin. Du wirst sehen: Mit etwas Verständnis füreinander – und das meine ich auch von Uromas Seite – lässt sich das prima lernen.«

Selbstcheck: Wie würden Sie als Mutter reagieren?

Dieses Beispiel zeigt nur eine der Schwierigkeiten moderner Umgangsformen – den Generationskonflikt. Klar: Den hat es immer gegeben, er ist weiß Gott nicht neu. Ein Novum unserer Zeit ist aber, dass es nicht nur weit mehr alte Menschen als in den vergangenen Jahrhunderten gibt, sondern dank moderner Medizin auch sehr viel ältere als früher. Und diese ältere Generation liebt und lebt zum allergrößten Teil die überlieferten, traditionellen Umgangsformen. Sie deshalb als rückständig abzustempeln (Reaktion 1) oder von ihr zu verlangen, sich bis ins Detail an neue Formen zu gewöhnen (Reaktion 2), trägt bestimmt nicht zur Lösung des Konflikts bei.

Versuchen Sie, sich vorzustellen, Sie müssten vertraute Formen aufgeben, mit denen Sie 60, 70 oder gar 80 Jahre gelebt haben. Es würde von Ihnen verlangt, sich völlig neue Umgangsformen anzueignen. Könnten Sie sich darüber freuen? Wohl kaum. Der Verlust vertrauter Formen aber bringt unweigerlich auch große Unsicherheit mit sich. Und wer seine Sicherheit verliert, büßt damit ein Stück Lebensqualität ein. Deshalb gilt für gute Umgangsformen unter anderem: Sie sollen altersgerecht angewendet werden (→ auch Seite 11 »Mit wem spiele ich?«).

Im Spiel des Lebens gewinnen – mit der richtigen Spielregel

Über die Altersfrage hinaus bedarf es jedoch weiterer Überlegungen, um die jeweils angemessene Art zu finden. Das ist wie bei einem Spiel. Es funktioniert nur, wenn die Beteiligten die jeweils gültigen Spielregeln kennen und sie einhalten. Stellen Sie sich bitte vor, eine von zwei Fußballmannschaften will nach Eishockey-Regeln kämpfen. Eine Person in einer Bridge-Runde wendet Skat-Regeln an. Eine Familie möchte einen friedlichen Abend beim »Mensch ärgere dich nicht« verbringen. Aber der Filius schreit lautstark und trotzig immer wieder nach dem Geld, das er sonst immer bekommt, wenn er bei Monopoly über »Los« zieht.

Bei den ersten beiden Beispielen ist klar: Das kann nicht funktionieren. Auch die Familie wird erst dann einen harmonischen Spielabend erleben, wenn der Sprössling begriffen hat, dass es sich um verschiedene Spielregeln handelt. Genauso funktioniert auch das Spielregel-System des Lebens. Es besteht aus vier Einheiten.

»SPIELREGEL-QUARTETT«

Überlegen Sie bitte

1. **Auf welchem Spielfeld stehe ich?** (situationsgerecht entscheiden)
   - privater Bereich
     → vorrangiges Kriterium: Alter und Geschlecht
   - berufliches Umfeld, Arbeitsplatz
     → vorrangiges Kriterium: Hierarchie
2. **In welchem Spiel bin ich?** (ereignisgerecht entscheiden)
   - offizielle Veranstaltung (Geschäftsjubiläum, Diner, Empfang, Festakt, Ball, größeres Familienfest wie Hochzeit, runder Geburtstag ...)
   - inoffizielles Geschehen (Biergarten, Volksfest, Spontanfete im Freundeskreis, Freizeitveranstaltungen, Disco ...)
3. **Mit wem spiele ich?** (personengerecht entscheiden)
   - wesentlich ältere oder jüngere beziehungsweise gleichaltrige Personen
   - Verwandte, Bekannte, Freundinnen und Freunde
   - Fremde
   - beruflich Gleichgestellte, Vorgesetzte, Mitarbeitende
   - Kundschaft
4. **Welche Rolle spiele ich momentan?** (umfeldgerecht entscheiden)
   - Als Frau (Ehefrau, Freundin, Mutter, Tochter, Schwester, Chefin, Kollegin, Gastgeberin, Gast ...)
   - Als Mann (Ehemann, Freund, Vater, Sohn, Bruder, Chef, Kollege, Gastgeber, Gast ...)
   - Als Mitglied einer Gemeinschaft (Sportmannschaft, Verein, Schule, Uni, Club, leitendes Gremium, Ausschuss, Religionsgemeinschaft ...)

Kavaliersgesten: Warum die »Kavalière« erfunden werden muss

Wenn Sie die Entscheidung für die jeweils richtige Umgangsform nach diesem »Quartett-System« treffen, haben Sie viele Joker in der Hand. Zugegeben, frühere Generationen hatten es da leichter. Die überlieferte Grundlage, auf der alle Höflichkeitsformen beruhten, sah weit weniger Differenzierungen vor. Das traditionelle gesellschaftliche – nicht berufliche! – Regelwerk basierte auf drei Pfeilern: Geschlecht, Alter, Hierarchie. Zwei dieser alten Regeln – »Ehre das Alter« und »Ladies first« – sind im Privatleben nach wie vor die Basis für gute Umgangsformen. Sie sollte jedoch durch das »Von-Mensch-zu-Mensch-Prinzip« – auch im Beruf – erweitert werden. Beispiele: Eine Frau kommt gleichzeitig mit einem Mann vor einer Tür an. Er hat keine Hand frei, weil er auf jedem Arm ein Kind trägt. Dann ist es doch »normal« und menschlich, dass die Frau ihm die Tür öffnet oder sie für ihn aufhält. Das gilt natürlich genauso, wenn er mit Einkaufstüten oder anderem beladen ist. Eine Chefin sieht, dass ihr männlicher Azubi voll gepackt mit Akten und Papieren vor der Bürotür steht. Also wird sie ihm diese genauso selbstverständlich aufmachen. Eine gesunde Endfünfzigerin steht auf dem Bahnsteig und beobachtet, dass ein junger Mann mit einem Gipsbein Schwierigkeiten hat, seine Tasche in den Zug zu heben, weil er auf zwei Gehhilfen angewiesen ist. Selbst in diesem Alter ist sie die »Stärkere«, die ihm die freundliche Hilfsgeste zukommen lassen kann, seine Tasche in den Zug zu stellen. Eine Frau bemerkt an einer Bushaltestelle, dass keine Männerhand sich rührt (oder niemand außer ihr in der Nähe ist), um einer Geschlechtsgenossin beim Hochhieven eines Kinderwagens zu helfen. Natürlich sollte sie dann ohne zu zögern anpacken und ihr helfen.

»Von-Mensch-zu-Mensch-Prinzip«: Jede Person, die sieht, dass eine andere Hilfe brauchen kann, bietet diese an – ganz gleich auf welchem »Spielfeld« sie sich befindet

Nach alter Väter Sitte wurden bestimmte Hilfeleistungen nur entweder von Mann zu Frau gegeben – die Kavaliersgesten – oder von einem jüngeren einem älteren Menschen angeboten. Um Missverständnissen vorzubeugen: Das soll nicht abgeschafft werden.

Es ist aber wünschenswert, zusätzlich das gerade geschilderte Prinzip »von Mensch zu Mensch« anzuwenden. Nicht nur Männern steht es gut zu Gesicht, sich als Kavaliere zu verhalten. Auch eine Frau kann heute »Kavalière« sein, ohne gegen Umgangsformen-Regeln zu verstoßen.

Überlieferte Kavaliersgesten, wie einer Dame in den Mantel zu helfen, erfreuen auch heute noch viele Frauen

Die dritte traditionelle Säule »Hierarchie« ist heute im privaten Bereich nicht mehr relevant. Im Berufsleben hingegen ist sie zum Hauptkriterium für moderne Umgangsformen geworden. Der Grund: Die alten Regeln stammen aus Zeiten, in denen »frau« im Beruf nicht existierte. Deshalb haben sich für den beruflichen Umgang ganz neue Regeln entwickelt, deren vorrangiges Kriterium die Betriebshierarchie ist. Daher auch die moderne Unterteilung der »Spielfelder« (→ Seite 11).

Dass Ihre jeweilige »Rolle« ebenfalls eine solche spielt, mag Sie vielleicht verwundern. Sie denken vermutlich: Ich bin doch kein Bühnenstar, ich spiele doch nicht mehrere Rollen – ich bin ich! Klar, das sind Sie und das sollen Sie auch bleiben. Trotzdem füllen Sie in Ihrem Leben mehrere so genannte soziale Rollen aus – und das in der Regel häufig wechselnd, meist mehrmals am Tag. Ein

TIPP

→ Eine soziale Rolle umfasst die Summe der Verhaltensweisen, die andere Menschen von Ihnen in einer bestimmten Position erwarten. Dazu gehören Aufgaben und Pflichten (was ein Individuum zu tun hat), Verbote und Tabus (was es nicht tun darf) sowie Rechte und Privilegien (was es tun kann) – vorrangig aus der Sicht des jeweiligen Umfelds.

Beispiel: Ist eine verheiratete Frau, die ein Kind hat, als Führungskraft im mittleren Management tätig, füllt sie an einem einzigen Arbeitstag folgende sozialen Rollen aus: Ehefrau, Mutter, Vorgesetzte, Kollegin, untergeordnete Arbeitnehmerin. Dieses Spektrum erweitert sich noch durch beispielsweise verwandtschaftliche Beziehungen (Tochter, Schwester und mehr), ein Hobby (wie Mitglied eines Handball-Teams) oder freundschaftliche Beziehungen (beste Freundin). An solche verschiedenen sozialen Rollen werden von den Menschen im jeweiligen Umfeld unterschiedliche Erwartungen geknüpft – oft sogar gegenläufige. Deshalb ist es hilfreich, die Entscheidung für oder gegen ein bestimmtes Verhalten auch mit Blick auf diese Rollenerwartung zu treffen (→ auch das »Spielregel-Quartett«, Seite 11).

So drückt die Alltagssprache unerfüllte Rollenerwartungen aus: »Sie/er ist aus der Rolle gefallen!«

333 Regeln auf CD-ROM – perfekter Umgangsformen-Crash-Kurs?

Die Vielfalt der heutigen Verhaltensmöglichkeiten erfordert ständig neue Entscheidungen. Welche ist hier und jetzt mit diesen Menschen die richtige Form? Das erscheint anstrengend, verwirrend und unbequem. Wie praktisch wäre es da, sämtliche Regeln auf CD-ROM zu besitzen. Das würde zum einen das Auswendiglernen ersparen (überhaupt: Wer schaffte das schon, bei Hunderten von Details?). Zum anderen könnte dank moderner Technik dieses Wissen überall abgerufen werden, per Handy oder Laptop etwa.

Nun – dass es so nicht funktionieren kann, ist sicher auch Technikfans klar. Außerdem wird ein stur auswendig gelerntes oder unflexibel angewendetes Regelsystem unseren Umgang miteinander nicht fördern. Ganz im Gegenteil: Es würde jegliche Herzlichkeit, Spontanität und Menschlichkeit zunichte machen. Situations-, ereignis-, rollen-

und personengerechtes Verhalten ist deshalb heute gefragt. Dass Umgangsformen-Regeln keinen persönlichen Spielraum gestatten (→ Seite 7, zweites Argument), ist also ein »Schmarrn«. Ja, mehr noch, sie fordern individuelle Entscheidungen und variables Verhalten geradezu heraus. Dazu kommt: Wer die Form kennt, darf sie brechen. Ausnahmen bestätigen auch bei Umgangsformen die Regel. Um jedoch zu erkennen, wann eine Ausnahme angebracht ist, muss erst einmal die Regel bekannt sein. Und: Auch wer die Form bricht, soll seine Freiheit nicht missbrauchen (→ Seite 7).

Grenzen – der Mensch und sein unsichtbarer Hula-Hoop-Reifen

Bei so viel Individualität und variablen Möglichkeiten stellt sich die Frage nach der Basis für guten Umgang. Die Antwort ist schlicht Grenzwahrung, denn Freiheit könnte auch so definiert werden: Meine Freiheit endet dort, wo die Grenzen meiner Mitmenschen beginnen. Wie herrlich einfach – oder vielleicht doch nicht? Wo sind sie denn, diese Grenzen? Und wie findet man sie? Genau das ist der erste Knackpunkt. Die persönliche Grenze eines Menschen können Sie nicht sehen. Bitte stellen Sie sich einen unsichtbaren Hula-Hoop-Reifen vor, den jede und jeder ständig mit sich herumträgt. Das zweite

TIPP

→ Achten Sie bei Menschen, die Sie gut kennen, auf Körpersprache, Tonfall und Gesichtsausdruck. So können Sie oft schon frühzeitig erkennen, wie die Stimmung ist. Bei Fremden, wo solche Beobachtungen wegen fehlender Vergleichsmöglichkeiten kaum Aussagekraft haben, gilt: Wenden Sie die gängigen Umgangsformen-Regeln möglichst korrekt an. So haben Sie gute Chancen, eine Grenzübertretung zu vermeiden.

Problem dabei: Dieser Reifen (der Fachausdruck dafür ist Frustrationstoleranzgrenze) hat nicht wie das echte Spielzeug einen konstanten Durchmesser, sondern wird je nach Befindlichkeit – sprich guter oder schlechter Laune – größer oder kleiner. Je besser die Stimmung, umso weiter, je mieser die Gefühlslage, umso enger umschließt er die (Psyche der) Person. Und proportional zur Verkleinerung seines unsichtbaren Reifens wächst die Empfindlichkeit eines Menschen. Ist die Grenze also gerade extrem eng, reagiert die- oder derjenige sehr viel eher gereizt, beleidigt oder wütend, als wenn sie oder er sich in »Höchstlaune« befindet. Vermutlich kennen Sie das: Auf eine völlig harmlose – finden Sie jedenfalls – Bemerkung hin geht Ihr Gegenüber wie das sprichwörtliche HB-Männchen in die Luft. Sie verstehen die Welt nicht mehr, reagieren entsprechend sauer und schon ist ein Streit vom Zaun gebrochen.

Eine kurze Definition noch zu »Regeln«. Bitte lesen und denken Sie dieses Wort im Zusammenhang mit Umgangsformen immer in Anführungszeichen. Warum? Weil es eine »Regel« im Sinne von »stets richtig oder falsch« – etwa wie mathematische Logik (2+2=4, alles andere ist ein Fehler, und zwar weltweit) – bei Umgangsformen-Details nicht gibt. »Gängige Umgangsformen-Regel« lässt sich am besten so definieren: Es ist die Form, die sich bei den in einem bestimmten Kulturkreis lebenden Menschen als die beliebteste herausgestellt hat. Nur die Grundsätzlichkeiten gelten uneingeschränkt als richtig: Immer an Grenzwahrung zu denken, immer rücksichtsvoll und hilfsbereit zu sein, immer »bitte« und »danke« zu sagen und Ähnliches. Bitte stellen Sie sich dazu folgendes Bild vor, das ich erfunden habe: Ein riesengroßes Haus – noch im Rohbau. Später sollen viele Menschen aus unterschiedlichsten Gruppen, auch verschiedenen Kulturkreisen, dort wohnen. Hat dieses Gebäude vier tragende Eckpfeiler, nämlich Rücksichtnahme, Hilfsbereitschaft, Toleranz und Akzeptanz, und steht es auf einem Fundament, das aus Respekt – im Sinne von Wertschätzung für jeden Menschen – gegossen ist, wird dies möglich: Auch wenn alle, die dort einziehen die Ausstattungsdetails nach individuellem Geschmack äußerst unterschiedlich wählen, können sie friedlich und in Harmonie miteinander leben und sich wohl fühlen.

Eines der wichtigsten sozialen Bedürfnisse des Menschen: von anderen Wertschätzung zu erfahren!

Kopf oder Bauch: Wo läuft der erste Film?

»Natürlich im Kopf! Schließlich bin ich ein sachorientierter Mensch«, lautet oft die Antwort auf diese Frage. Es gilt als erstrebenswert, »geistbetont«, »intelligent«, »mit gesundem Sachverstand ausgestattet« zu sein. Ganz sicher sind das wichtige Qualitäten. Darüber darf nur nicht vergessen werden: Der Mensch ist ein gefühlsbetontes Wesen (ob er es nun wahrhaben will oder nicht). Für den Umgang miteinander bedeutet das: Wir verkehren immer auf zwei Ebenen miteinander – auf der rationalen und auf der emotionalen. Dabei ist die emotionale Ebene für eine angenehme Kommunikation die wichtigere! Dort, oft auch als »Bauchgefühl« bezeichnet, werden erste Eindrücke registriert, (vor-)schnelle (Vor-)Urteile gefällt, Sympathie und Antipathie empfunden. Das bedeutet also, der erste Film läuft »im Bauch«. Nur wenn Sie sich im Umgang mit anderen über deren Gefühle – und Ihre eigenen! – bewusst sind, können Sie die Begegnung angenehm gestalten, Umgangsformen-Regeln hin oder her. Eine kalte, aufgesetzte Höflichkeit fördert das Miteinander nicht. Im Gegenteil, sie kann sogar verletzend oder brüskierend sein.

Viel wichtiger ist, sich Folgendes klar zu machen: Umgang miteinander hat weit mehr mit Psychologie zu tun als mit wer weiß wie vielen Regeln. Doch nur keine Angst! Weder wird dieses Buch ein Psychoseminar noch sollen Sie ein Psychologiestudium anfangen. Einige Grundsätzlichkeiten zu kennen ist aber sehr hilfreich. Dazu gehört zum Beispiel diese Erkenntnis: »Man kann nicht nicht kommunizieren.« Dieser Satz von einem der bekanntesten Psychotherapeuten mag auf den ersten Blick erscheinen, als habe sich ein Druckfehler eingeschlichen. »… nicht nicht …« Was soll das? Es bedeutet: Auch Dinge, die Sie unterlassen, sind deutliche Signale. Das machen sich die meisten Menschen nicht klar. Im Allgemeinen wird unter »kommunizieren« nur das verstanden, was gesagt oder getan wird, nicht aber etwas, das gar nicht

→ SELBSTCHECK

Wie würden Sie empfinden, wenn Ihnen Folgendes widerfährt?

→ Sie sehen auf der Straße einen Bekannten, der Ihnen entgegenkommt. Sie nehmen an, dass er Sie ebenfalls gesehen hat, und wollen ihn grüßen. Doch er geht stur an Ihnen vorbei.

→ Sie haben Ihren Freundeskreis zum Geburtstag eingeladen – schriftlich, mit der Bitte um Antwort, wer kommt. Eine Ihrer Freundinnen meldet sich nicht. Sie sagt weder zu noch ab, erscheint auch nicht zu Ihrer Feier. An dem Abend erfahren Sie von anderen: »Ja weißt du denn nicht? Die ist doch gestern in Urlaub gefahren.«

→ Sie hatten einen Todesfall in der Familie. Viele Kondolenzbriefe sind bei Ihnen eingetroffen. Immer wieder gehen Sie die Schreiben durch: Kann es denn wirklich sein, dass Onkel Tobias sich überhaupt nicht gemeldet hat? Es scheint so – auch nach Wochen ist kein Brief von ihm eingetroffen.

stattfindet. Und genau das ist der Trugschluss. Auch Unterlassenes erweckt in Menschen Positives oder Negatives – oft Letzteres.

Im Kasten auf Seite 18 finden Sie drei »Unterlassungssünden«, die bei den meisten Menschen Empfindungen wecken wie: Ich fühle mich missachtet, ungenügend wahrgenommen, übergangen, ignoriert, herabgesetzt. Wie auch immer Ihr Empfinden bei der Vorstellung, von den geschilderten Situationen betroffen zu sein, ausgefallen ist – überschwängliche Freude oder ein anderes angenehmes Gefühl war sicher nicht dabei. Achten Sie deshalb im Umgang mit anderen auch auf das, was Sie unterlassen, und nicht nur auf das, was Sie tun.

Territorium: nur Ländersache?

»Territorialer Anspruch« – das hört sich mehr nach politischer Diskussion als nach »Bauchgefühl« an. Es ist aber in der Tat eines. Zusätzlich zu seinen persönlichen Grenzen möchte ein Mensch sein Territorium respektiert wissen. Der emotionale – vielfach unbewusste – Anspruch: Das ist mein Platz, mein Raum, mein Schreibtisch, mein Wissensgebiet, meine Entscheidungskompetenz und Ähnliches, ist stark ausgeprägt und jedes Eindringen in das eigene Territorium wird als Grenzverletzung empfunden. Das gilt für konkrete Räume und Plätze genauso wie für Abstraktes, beispielsweise Kompetenzen oder Wissensgebiete. Die Reaktion auf Übergriffe ist Temperamentssache, kann von irritiert über abweisend, verärgert bis wütend reichen. Dort, wo die gleichen Menschen täglich ihre Gebiete untereinander teilen müssen – etwa in der Familie und am Arbeitsplatz – lassen sich eventuelle territoriale Übergriffe mit vernünftigen Gesprächen und sachlichen Diskussionen vermeiden. Beispiele für Territorialverletzungen sind:

→ Zu Hause setzt sich ein Familienmitglied in die Lieblingssofaecke einer oder eines anderen Familienangehörigen.

- Jemand fällt über den Kopf einer anderen Person hinweg eine Entscheidung, die in ihren Kompetenzbereich gefallen wäre.
- Jemand nimmt, ohne zu fragen, etwas vom Schreibtisch weg. Die »Steigerung«: Etwas wird aus einer Schublade oder dem Büroschrank einer anderen Person geholt.
- Es wird ohne Erlaubnis der PC eines Teammitglieds benutzt, wenn eine solche Arbeitsweise nicht abgesprochen ist.
- Bei einem Geschäftsbesuch legt die oder der Ankommende mitgebrachte Unterlagen/Akten, ohne zu fragen, auf den Schreibtisch der besuchten Person.

In der Öffentlichkeit territoriale Ansprüche geltend zu machen ist schwieriger, denn schließlich können Fremde nicht jedes Mal aufs Neue darüber diskutieren. Deshalb gibt es dort so etwas wie »ungeschriebene Gesetze«. Zwei Beispiele: Stellen Sie sich bitte vor, Sie sitzen allein an einem Tisch im Restaurant. Ein hinzukommender Gast fragt Sie höflich, ob der Platz Ihnen gegenüber noch frei sei und ob er sich setzen dürfe. Sie bejahen. Von diesem Moment an erwarten Sie von ihm ein ganz bestimmtes Verhalten. Nämlich, dass der Restauranttisch nun »gerecht« halbe-halbe geteilt wird. Vermutlich haben Sie bis jetzt noch nie darüber nachgedacht. Sicher wären Sie aber zumindest sehr irritiert, wenn der fremde Gast diese Erwartung nicht erfüllen und sein leeres Glas oder die (Bier-)Flasche, einen »abgegrasten« Salatteller oder irgendein anderes Teil in »Ihre« Hälfte schieben würde.

Als Zweites versetzen Sie sich bitte in diese Situation: Sie betreten ein leeres sechssitziges Eisenbahnabteil, können sich also Ihren Lieblingsplatz aussuchen. Und nun überlegen Sie bitte: Was werden Sie als Nächstes tun, nachdem sie ihn gewählt haben? Na …? Mit ziemlicher Sicherheit reagieren Sie wie die allermeisten Menschen, Sie blockieren den Nebensitz (seltener wird der gegenüber gewählt) mit irgendetwas, das Sie bei sich haben – Mantel, Laptop, Tasche, Tüte … Damit wollen Sie (auch wenn es unbewusst geschieht) ein Zeichen setzen: Ich möchte mein Terrain nicht auf den einen (engen) Platz beschränkt haben. Dazu kommt natürlich auch das Distanzbedürfnis (→ Seite 35): Ich möchte verhindern, dass sich jemand direkt neben mich setzt. Und nun stellen Sie sich bitte weiter vor, dass die Person, die als Nächste zusteigt, genau das will – den Platz, auf dem Ihr »Zeichen« liegt! Das Friedfertigste, was Ihnen dann durch den Kopf schösse, wäre sicherlich: »Das kann doch wohl nicht wahr sein!« Auch wenn die oder der Zugestiegene sich Ihnen genau gegenübergesetzt hätte, wären Sie wohl kaum begeistert. Schließlich müssten Sie ja deshalb nun die Füße einziehen – eine erzwungene Verkleinerung Ihres Territoriums; eine Unbequemlichkeit für die weitere Reise. Zufrieden wären Sie sicher hiermit: Die einsteigende Person wählt einen Platz mit seitlichem Abstand zu Ihnen oder setzt sich auf der gegenüberliegenden Seite um mindestens einen Platz versetzt zu Ihnen.

Ohne Worte – noch mehr nonverbale Fauxpas

Das ABS-Mini-Quiz für Ihren persönlichen Schnell-Check zu den Themen Blickkontakt, Körpersprache, erster Eindruck und Kleidung:

1 JE ENGER MENSCHEN ZUSAMMENRÜCKEN müssen, desto weniger Blickkontakt ist erwünscht. ❏ richtig ❏ falsch

2 DIE ÜBLICHE RICHTUNG, einen Blickkontakt im Gespräch zu lösen, ist nach oben. ❏ richtig ❏ falsch

3 **EIN EINZELNES KÖRPERSPRACHLICHES SIGNAL**, etwa das Armeverschränken vor dem Körper, ist eindeutig interpretierbar. ❑ richtig ❑ falsch

4 **DER ERSTE EINDRUCK** ist subjektiv durch persönliche Komponenten geprägt. ❑ richtig ❑ falsch

5 **KLEIDUNG** spielt beim ersten Eindruck eine sehr unwichtige Rolle. ❑ richtig ❑ falsch

Haben Sie etwas Zeit, die Antworten herauszufinden? Dann lesen Sie bitte das folgende Kapitel. Möchten Sie das Ergebnis lieber auf einen Blick? Schauen Sie einfach auf Seite 126 nach.

Blickkontakt: »Schau mir (nicht) in die Augen, Kleines«

Zum Blickkontakt gibt es ebenfalls »ungeschriebene Gesetze«. Für Fremde verlangen diese: Je enger Menschen zusammenrücken müssen, desto weniger Blickkontakt ist erwünscht. Ein typisches Beispiel dafür ist die Fahrstuhlsituation. Dort wird Blickkontakt zwischen Unbekannten möglichst total vermieden. Aus Furcht, versehentlich doch jemandem in die Augen zu schauen, wird lieber minutenlang das Schild »Aufzug im Brandfall nicht benutzen« oder die Stockwerksanzeige fixiert. Passiert doch mal ein »Augenausrutscher«, folgt dem in der Regel ein flüchtiges, wie um Entschuldigung bittendes Lächeln. Ähnliches gilt auch auf der Straße. Sie kennen vermutlich die Rotation im Gehirn, die dann entsteht, wenn Sie auf der Straße jemand länger als ein, zwei Sekunden anschaut: »Kenn' ich den? Will die etwas von mir? Müsste ich grüßen?«

Wieso gibt es solche Verhaltensweisen und stillschweigenden Übereinkünfte unter Menschen? Die Vermeidung von Blickkontakt ist unter anderem eine Schutzfunktion. Beispiel Straße: Es findet eine Befragung statt – Sie haben es eilig, wollen nicht Rede und Antwort stehen. Es wird etwas angeboten, das Sie nicht kaufen möchten; um etwas gebeten, das Sie nicht geben wollen. In solchen Fällen ist das Versagen des Blickkontakts das nonverbale Signal dafür, dass Sie nicht angesprochen oder aufgehalten, sondern in Ruhe gelassen werden möchten. Nehmen Sie hingegen einen Blickkontakt auf, wird das als Bereit-

TIPPS

Empfehlenswertes zum Blickkontakt im Gespräch

→ In der Anfangsphase einer Kontaktaufnahme ist ein Blickkontakt von etwa drei Sekunden empfehlenswert. Dauert er länger, kann das als Wunsch nach – vielleicht unerwünschter – intensiver Nähe, als Missbilligung oder gar als Feindseligkeit empfunden werden.

→ Im weiteren Verlauf des Gesprächs werden länger gehaltene Blicke über etwa zehn Sekunden als positiv bewertet. Alles, was darüber hinausgeht, fällt schnell in die unbeliebte Kategorie »anstarren«.

→ Fast alle Menschen fühlen sich unwohl, wenn sie merken, dass sie jemand durch einem extrem lang gehaltenen Blickkontakt dominieren will. Tipp in diesem Fall: Wenden Sie den Blick dann nicht nach unten ab. Damit würden Sie sich in die »Verliererposition« manövrieren.

→ In einem partnerschaftlichen Gespräch – ohne einseitiges Dominanzgehabe – wird der Blickkontakt von beiden Personen in wechselnden Intervallen unterbrochen und wieder aufgenommen. Dabei schaut in der Regel die zuhörende Person die sprechende länger an als umgekehrt. Je intensiver jemand beim Sprechen nachdenkt, desto öfter wird er den Blickkontakt unterbrechen. Üblich dabei ist, den Blick nach unten zu senken.

schaft verstanden, Kontakt herzustellen. Das führt weiter zum nächsten »Blickkontaktgesetz« – in einem Gespräch gilt in unserem Kulturkreis im Gegensatz zu den gerade beschriebenen Vermeidungswünschen genau das Gegenteil: Wer keinen Blickkontakt hält, handelt sich Minuspunkte ein. Ja, manche gehen sogar so weit, aus einem Nicht-in-die-Augen-schauen-Können abzuleiten, dass sie belogen werden. Mag diese These auch als Verallgemeinerung stark anzuzweifeln sein, bleibt dennoch Fakt: Es wird als unhöflich, oftmals auch als Unsicherheit empfunden, wenn ein Blickkontakt im Gespräch fehlt. Deshalb ist es wichtig, sich um einen angemessenen Augenkontakt zu bemühen. Doch was ist angemessen? Tipps dazu auf → S. 23.

Körpersprache: Manchmal sagt sie mehr als Worte

Die Erforschung der Körpersprache – Kinesik – ist eine noch relativ junge Wissenschaft. Der Begriff »Kinesik« ist von dem griechischen Wort »Kinesis« – Bewegung – abgeleitet. Dabei geht es unter anderem um die Bedeutung von Bewegung und Verhalten im Raum (Nähe/Distanz) in Zusammenhang mit der Gefühlslage des betreffenden Menschen.

Aber auch im »unwissenschaftlichen« Alltag spielt die Körpersprache eine große Rolle. Sie wird selbst von völlig Ungeschulten weitgehend intuitiv aufgenommen. So kennt zum Beispiel der Volksmund viele treffende Aussprüche wie »Lass den Kopf nicht hängen« oder »Der trägt die Nase aber reichlich hoch«. Auch erfassen die meisten Menschen gefühlsmäßig sofort, wenn »die beiden Sprachen« nicht übereinstimmen. Das Erstaunliche dabei ist, dass der körpersprachlichen Information in der Regel mehr Glauben geschenkt wird als der verbalen. Zum Beispiel sagt jemand bei einer Begrüßung zu Ihnen: »Ich freue mich sehr, Sie endlich einmal wieder zu sehen.« Dieser Satz wird jedoch weder von einem Lächeln begleitet noch mit Blickkontakt unterstützt. In diesem Fall wird Ihnen Ihre innere Stimme sofort zuflüstern: »Vorsicht – da stimmt was nicht!«

Es ist also für den angenehmen und störungsarmen Umgang miteinander sehr hilfreich, sich mit dem Thema Körpersprache eingehender zu befassen. Eindringlich gewarnt sei allerdings vor einer nur oberflächlichen Auseinandersetzung mit den nonverbalen Signalen Marke »Crash-Kursus«: »Kreuzt jemand die Arme vor dem Körper, heißt das eindeutig, er verschließt sich vor mir. Schlägt er von mir weg ein Bein über das andere, bedeutet das garantiert, er wendet sich von mir ab – auch innerlich.« Solche Interpretationen sind gefährlich und führen in den meisten Fällen zu Fehldeutungen. Wenn jemand die Arme vor dem Körper verschränkt, kann es auch sein, dass er sich einfach nur etwas Wärme verschaffen möchte, weil er friert. Oder etwas Bequemlichkeit beim Sitzen. Letzteres könnte auch der Antrieb für das Übereinanderschlagen der Beine sein. Falsche Interpretationen der Körpersprache fördern die Kommunikation nicht. Im Gegenteil, sie wirken sich als Störfaktor aus, begünstigen Missverständnisse und sogar berufliche Fehlschläge. Beschäftigen Sie sich deshalb mit Körpersprache nach dem Motto »Ganz oder gar nicht!« Und beachten Sie auf jeden Fall die sieben »Grundgesetze« für die Deutung nonverbaler Signale.

Passen gesprochene Worte und Körpersprache nicht überein, wird das als »inkongruente Kommunikation« oder »Double-Bind-Kommunikation« bezeichnet

1 EINE EINZELNE, ISOLIERT BETRACHTETE BEWEGUNG, Geste oder Haltung hat keine exakt bestimmbare Bedeutung.

2 MINDESTENS ZWEI, BESSER DREI GLEICHGERICHTETE SIGNALE – von mir weg/zu mir hin – müssen zusammentreffen, ehe sie eine Bedeutung für eine mögliche Auslegung bekommen.

3 DIE INTERPRETATION darf sich nur auf die stattgefundene Veränderung und die damit im Zusammenhang stehende Vermutung

über die Hintergründe stützen. Sie darf nicht als Kenntnis der tatsächlichen emotionalen Ursache der Signale gewertet werden.

4 REALES WISSEN um den emotionalen Hintergrund lässt sich nur durch Kontrollfragen erwerben.

5 VERBALE AUSSAGEN müssen zur Prüfung von Nonverbalem herangezogen werden und umgekehrt.

6 KRANKHEITSBEDINGTE ERSCHEINUNGEN UND KÖRPERLICHE GEBRECHEN (etwa Gehbehinderungen, Armverletzungen, Ticks wie unkontrollierbares Lidflattern) sind für die Deutung von Körpersprache irrelevant und nicht als körpersprachliche Signale zu werten.

7 GESCHLECHTSSPEZIFISCHE UND KULTURELLE UNTERSCHIEDE müssen beachtet werden.

Der erste Eindruck: wirklich ohne zweite Chance?

Wer kennt sie nicht, die These »Für Ihren ersten Eindruck gibt es keine zweite Chance!«? Aber ist das nicht reichlich überzogen? Kaum. Die meisten Menschen sind nicht so leicht bereit, ihren ersten Eindruck zu korrigieren. Besonders dann nicht, wenn jemand spontan den Stempel »unsympathisch« aufgedrückt bekommen hat. Sie kennen das Phänomen »erster Eindruck« bestimmt aus eigener Erfahrung: Innerhalb von Sekunden haben Sie einen fremden Menschen in das Grundraster – sympathisch/unsympathisch – eingeordnet. Wie es zu dieser Entscheidung kommt, ist den meisten Menschen allerdings kaum bewusst. Sie ist ein typisches »Bauch-Mysterium«.

So läuft der »Erste-Eindruck-Film«

Wie viele Sekunden dieser »Film« läuft, ist unter Verhaltensforschern noch strittig. Fest steht aber: Ob nun die viel zitierten »drei Sekunden« oder einige mehr, für eine realistische Beurteilung eines fremden Menschen reicht die Zeit nicht aus. Dazu kommt, dass dieses Gesamtbild – so der fachmännische Begriff für den ersten Eindruck –, das Sie von Lebewesen, Objekten und Sachverhalten bekommen, nie objektiv sein kann.

1

Warum nicht? Weil es neben realen Beobachtungen (Körperbau, Haltung, Gang, Mimik, Gestik, Stimme, Entfernung, Standort/Sitzposition, territorialer Anspruch, Kleidung, Duft, Statussymbole) sehr stark von Ihren persönlichen Deutungen und Bewertungen (Gefühle, Erfahrungswerte, Erinnerungen, Wertmaßstäbe, Einstellungen, Erwartungen, Moralvorstellungen, ethische Ansprüche, Vorurteile, Stereotype) geprägt wird. Aus allen diesen Details setzt sich der erste Eindruck wie ein großes Puzzle zusammen.

Wie viele dieser einzelnen Aspekte jeweils beteiligt sind, ist unterschiedlich. Auf jeden Fall jedoch spielen die persönlichen Komponenten in so großem Maß mit, dass ein erster Eindruck immer subjektiv ist. Den »Löwenanteil« bestreiten Kleidung und Körpersprache mit etwa 55 Prozent, gefolgt von der Stimme mit zirka 38 Prozent. Der Inhalt des Gesprochenen ist »drittrangig«. Er wird nur zu ungefähr 7 Prozent wahrgenommen. In den ersten Sekunden brauchen Sie also über kluge Äußerungen erst gar nicht nachzudenken. Die sparen Sie sich besser für später auf. Wichtig ist hingegen, dass Sie sich Gedanken über Ihre Kleidung machen. So steigern Sie Ihre Chancen auf einen positiven ersten Eindruck ganz erheblich.

TIPP

→ Machen Sie sich die Entstehung eines ersten Eindrucks bewusst – holen Sie ihn vom »Bauch« in den »Kopf«. So haben Sie zwei Vorteile: Erstens können Sie besser Einfluss darauf nehmen, wie Sie Ihren ersten Eindruck bei anderen optimal gestalten. Zweitens geben Sie anderen Menschen die Chance auf eine faire Beurteilung.

Kleidung: Macht sie auch heute noch Leute?

Zur Kleidung bestehen – nicht nur beim ersten Eindruck – viele Imagebilder und Erwartungen. Werden sie nicht erfüllt, gibt es sofort »Punktabzug« bei der Beurteilung einer Person. Kleidung macht zwar nicht »Leute« im Sinne von »guten Menschen«. Sehr wohl aber trägt sie dazu bei, das Image von »Leuten« maßgeblich zu beeinflussen. Das funktioniert in beide Richtungen – negativ wie positiv. Deshalb ist es wichtig, der jeweils richtigen Kleiderauswahl besondere Beachtung zu schenken und sie unter anderem ereignisgerecht zu wählen (→ Seite 11).

→ SELBSTCHECK

Was würden Sie empfinden?

→ Sie kommen zu einer Geschäftsbesprechung in die Führungsetage eines großen Konzerns. Die Assistentin der Geschäftsführung, die Sie beim Empfang abholt und Sie zur Chefkonferenz begleitet, präsentiert sich in diesem Outfit: bauchfrei, die Hüfthose knapp über der Schamhaargrenze, auffälliges Nabelpiercing, dazu Glitzertop mit Spagettiträgern.

→ Sie besuchen eine Verwandte im Krankenhaus. Die Visite findet just in dem Moment statt. Der Chefarzt Professor Dr. Hochverehrt führt das Ärzteteam im lila-grün gepunkteten Jogginganzug und Flip-Flops an.

→ Ihre Waschmaschine ist defekt. Sie haben die Servicefirma angerufen und warten auf den Monteur für die Reparatur. Es klingelt. Sie öffnen die Tür. Vor Ihnen steht ein Mann im dunkelgrauen Nadelstreifenanzug, weißem Hemd und Seidenkrawatte, ein elegantes Lederköfferchen in der Hand.

Mit ziemlicher Sicherheit fragen Sie sich in allen drei Fällen: »Bin ich hier im falschen Film?« Die Assistentin erwarten Sie wohl im Business-Look. In der Krankenhaus-Situation könnten Sie leise Zweifel beschleichen, ob Ihre Verwandte dort wirklich gut aufgehoben ist. Und dem »verkleideten« Monteur möchten Sie entgegenhalten: »Ich wollte keine neue Waschmaschine kaufen, sondern meine alte reparieren lassen.«

Diese – zugegeben ironisch überspitzten – Beispiele stehen stellvertretend für unendlich viele Kleidungserwartungen im Berufsleben. Das Problem bei Business-Kleidung ist, dass es die eine, richtige nicht gibt. Je nach Branche und Position bestehen gewaltige Unterschiede. Deshalb gibt es nur eine Grundempfehlung: Orientieren Sie sich an der Erwartung der Kundschaft und bei einem Vorstellungsgespräch an der des Unternehmens.

Zu Kleidung im Privatleben mehr im Kapitel »Verzweifelt gesucht – der perfekte Gast«

Kleidungssignale: Seriosität, Kompetenz, Vertrauenswürdigkeit

In bestimmten Branchen ist – Modetrends hin oder her – der klassische Kleidungsstil nach wie vor die angebrachte Wahl. Beispiele dafür sind unter anderem das Bankwesen, die Steuerberatungs- und Versicherungsbranche sowie Anwaltskanzleien. Hier muss der Kundschaft vermittelt werden: Wir sind seriös, vertrauenswürdig, kompetent. Und mit diesen Eigenschaften verbinden die meisten – sogar junge! – Menschen in Deutschland eine ganz bestimmte Kleidungsvorstellung. Für dort tätige Männer beinhaltet sie Anzug, Hemd und Krawatte; Frauen entsprechend im Kostüm oder Hosenanzug. Tritt in diesen und ähnlichen Berufen jemand als »schillernder Paradiesvogel« auf, wird daraus von vielen der Kundinnen und Kunden direkt geschlossen: inkompetent, unseriös. Dass solche Interpretationen jeglicher realen Grundlage entbehren, ist klar. Aber Imagebilder zu Berufskleidung sitzen tief – auch hier spielt der »Bauch« die erste Geige.

Kontakte knüpfen, Kontakte pflegen – so klappt's nicht nur mit dem Nachbarn

→ Ob grüßen oder begrüßen, vorstellen und bekannt machen, ob bei Anreden oder Telefonaten – immer taucht die Frage auf: »Und wie geht's richtig?« In diesem Kapitel erfahren Sie, welches die höflichen Formen im Privatleben und im Beruf sind, wie Sie weitere nonverbale »Störer« bei der Begrüßung vermeiden, und Sie finden viele Tipps zur modernen Selbstvorstellung, zum Small Talk und für schwierige Situationen.

Sie haben es in der Hand: richtiges Grüßen und Begrüßen

Das ABS-Mini-Quiz für Ihren persönlichen Schnell-Check zu den Themen Grüßen, Begrüßen, Distanzzonen und Ebenen:

1 DIE UMGANGSFORMEN-REGELN zum Grüßen und Begrüßen sind identisch. ❑ richtig ❑ falsch

2 JUGENDLICHE grüßen deutlich ältere Personen als Erste. ❑ richtig ❑ falsch

3 SIE STRECKEN IHNEN ZUR BEGRÜSSUNG auch als Erste die Hand hin. ❑ richtig ❑ falsch

4 DIE GÜNSTIGSTE ZONE FÜR EINEN HANDSCHLAG ist die intime Distanzzone, also sehr dicht voreinander. ❑ richtig ❑ falsch

5 EINE FRAU bleibt zur Begrüßung eines Mannes immer sitzen. ❑ richtig ❑ falsch

6 FÜR EIN GESPRÄCH ist es empfehlenswert, wenn sich alle Beteiligten auf derselben Ebene befinden, also entweder alle stehen oder alle sitzen. ❑ richtig ❑ falsch

Haben Sie etwas Zeit, die Antworten herauszufinden? Dann lesen Sie bitte das folgende Kapitel. Möchten Sie das Ergebnis lieber auf einen Blick? Schauen Sie einfach auf Seite 126 nach.

Die »Trumpfkarten«-Verteilung beim Grüßen und Begrüßen

»Er begrüßte sie mit einem leichten Kopfnicken.« Entdecken Sie in diesem Satz einen Fehler? Wenn nicht – machen Sie sich nichts daraus. Die meisten Menschen unterscheiden nicht zwischen »grüßen« und »begrüßen«. Um die jeweils richtige Umgangsform zu finden und anzuwenden, ist es jedoch wichtig, die beiden Begriffe sauber zu trennen:

- Der Gruß ist eine berührungslose Kontaktaufnahme (Blickkontakt, Winken, freundlicher Tagesgruß, leichtes Kopfnicken).
- Die Begrüßung findet mit Körperkontakt statt (Handschlag, Bussi-Bussi rechts-links, Umarmung, Handkuss).

Warum dieser Unterschied von Bedeutung ist? Weil die Gruß-Regeln anders sind als die für eine Begrüßung. Dazu kommt: Es gilt, situations-, personen- und rollengerecht zu entscheiden. Da es im modernen »Umgangsformenspiel« häufig wechselnde herausgehobene Positionen gibt, ändern sich auch Vorrechte und privilegierte Stellungen.

Eine zur Begrüßung gereichte Hand »in der Luft hängen« zu lassen ist sehr unhöflich

Die alten Ausdrücke, um dies zu verdeutlichen, sind »Höhergestellte« und »Niedrigergestellte«. Da diesen Bezeichnungen jedoch ein Touch von »Kastendenken« anhaftet, der in unserer Zeit wenig positiv erscheint, werden in den folgenden Erklärungen die »Höhergestellten« als diejenigen bezeichnet, die die »Trumpfkarte besitzen.

Sie sehen rechts, die Trumpfkarten sind zwar ziemlich gleich verteilt. Bei der Begrüßung jedoch ist die Reihenfolge anders herum als beim Gruß. Ein konkretes Beispiel: Ein Azubi soll seine Chefin grüßen, beispielsweise auf dem Flur der Firma. Mit ausgestreckter Hand auf sie loszustürzen wäre hingegen verkehrt. Es ist ihre Entscheidung, dem Azubi die Hand anzubieten. Ein weiteres Bei-

Wer die Trumpfkarte besitzt, hat das Recht auf den ersten Gruß

Auf beiden Spielfeldern – beruflich und privat – hat die Trumpfkarte:

- eine Gruppe (wenn jemand dazukommt)
- Anwesende in einem Raum (wenn jemand eintritt, etwa Wartezimmer, geschlossenes Zugabteil, Büro, Aufzug, kleines Geschäft)

Auf dem privaten Spielfeld hat die Trumpfkarte:

- die wesentlich ältere Person
- die Frau (sie kann die Trumpfkarte auch an den Mann weitergeben, zum Beispiel auf der Straße, indem sie einen Bekannten als Erste grüßt)

Auf dem beruflichen Spielfeld hat die Trumpfkarte:

- eine in der Firmenhierarchie höher stehende Person (bei hierarchischer Gleichstellung sind die Trumpfkarten wie auf dem privaten Spielfeld verteilt)
- Kundin und Kunde

Wer die Trumpfkarte besitzt, hat auch das Entscheidungsrecht pro oder kontra Handschlag

und signalisiert die Bereitschaft zum Händedruck durch das Reichen der Hand – und zwar zuerst.

Auf beiden Spielfeldern – beruflich und privat – hat die Trumpfkarte:

- die Gastgeberin und/oder der Gastgeber

Auf dem privaten Spielfeld hat die Trumpfkarte:

- die wesentlich ältere Person
- die Frau (Frau und Mann können sich die Trumpfkarte teilen, wenn sie sich schon länger kennen)

Auf dem beruflichen Spielfeld hat die Trumpfkarte:

- eine in der Firmenhierarchie höher stehende Person (bei hierarchischer Gleichstellung sind die Trumpfkarten wie auf dem privaten Spielfeld verteilt)
- die Kundin und der Kunde, sofern eine Gastgeberrolle (→ beide Spielfelder) dies nicht aufhebt

Ein Lächeln ist wie ein kleines Geschenk im Alltag. Und es kostet Sie keinen Cent, selbst wenn Sie es millionenfach spendieren!

spiel zur Begrüßung und zwar zu Gastgeberrolle und Kundschaft: Die Regel »Gastgebende reichen stets als Erste die Hand« gilt beruflich wie privat. Kommt eine Kundin oder ein Kunde in Ihr Büro, sind Sie dort in der Gastgeberrolle. Also ist es angebracht, dass Sie die Hand zur Begrüßung reichen. Begeben Sie sich jedoch zur Kundschaft in deren Räume, sollten Sie abwarten, ob Ihnen die Hand hingestreckt wird. Etwas ist beim Grüßen und Begrüßen immer wichtig: Vergessen Sie ein Lächeln nicht.

Die Begrüßungsreihenfolge: Spielen Sie auch hier den Trumpf richtig aus

Wollen Sie lediglich wenige Menschen begrüßen, ist die Entscheidung einfach. Befindet sich eine Trumpfkarten-Person darunter, wird diese als Erste begrüßt. Beispiel: Vor Ihnen steht eine etwa 50-jährige Frau mit einem Teenager neben sich. Natürlich geben Sie dann der deutlich Älteren den Vorzug in der Begrüßungsreihenfolge. Beachten Sie aber auch hier die verschiedenen Spielfelder und die dazugehörigen Formen. Beispiel: Sie begrüßen ein Paar im Privatleben. Klar, die Dame hat die Trumpfkarte, ist also als Erste dran. Handelt es sich jedoch um berufliches Terrain und der Mann ist der Chef, die Frau seine Mitarbeiterin, hat er die Trumpfkarte. Bei größeren Gruppen, etwa ab sieben Personen, brauchen Sie den früher notwendigen »Begrüßungstanz« (entsprechend dem Altersgefälle, Damen vor Herren) nicht mehr zu praktizieren. Heute wird einfach der Reihe nach begrüßt.

TIPP

→ Begegnen sich mehrere Personen, von denen sich nur zwei kennen, ist dies die moderne Form: Zuerst begrüßen sich die beiden Bekannten, ganz gleich, ob es sich um zwei Männer, zwei Frauen oder eine Frau und einen Mann handelt. Erst danach werden die Fremden miteinander bekannt gemacht.

»Tritt mir nicht zu nahe!« – Distanzzonen

Bei einer Begrüßung ist es sehr wichtig, die angemessene Distanz einzuhalten. Bitte stellen Sie sich einmal diese Szene vor: Ein fremder (oder ein bei Ihnen nicht sonderlich beliebter) Mensch stürzt auf Sie zu, legt seine Hand auf Ihre Schulter oder gar um Ihren Rücken und schüttelt Ihnen fast Nase vor Nase die Hand. Das wird Sie wohl mindestens irritieren, eher sogar ärgern.

Verhaltenswissenschaftler haben herausgefunden, dass die meisten Menschen eines Kulturkreises relativ übereinstimmende Empfindungen zu Distanz und Nähe haben. Der räumliche Abstand zum Gegenüber wird auch als Distanzzone bezeichnet. Für den nord-, mittel- und osteuropäischen Raum gilt die Einteilung in vier Distanzzonen.

1. INTIME DISTANZ: bis zu zirka 0,50 Meter einschließlich Körperkontakt. Unter Fremden tabu, mit Ausnahme helfender sowie verschönernder Berufe wie Ärztin, Friseur, Physiotherapeut, Kosmetikerin oder beim Gesellschaftstanz.
2. PERSÖNLICHE DISTANZ: zwischen 0,50 Meter bis zu zirka 1 Meter. Geeignet für Handschlag unter Fremden und für Gespräche.
3. GESELLSCHAFTLICHE DISTANZ: zwischen 1 Meter bis zu gut 2 Metern. Erste Kontaktaufnahme möglich, etwa durch Blickkontakt; Distanzzonenvergrößerer wie Schreibtische oder Tresen können das Distanzempfinden verstärken.
4. ÖFFENTLICHE DISTANZ: darüber hinaus bis unendlich. Zum Aufbau eines persönlichen Kontakts ungeeignet. Je größer die Distanz, desto schwieriger wird er.

Die Begrüßung mit Handschlag wird dann als angenehm empfunden, wenn sie in der persönlichen Distanz stattfindet. Umarmungen und »Rechts-Links-Küsschen«, die ein Eindringen in die intime Distanz-

TIPP

→ Achten Sie beim Handschlag auch auf den angemessenen Druck. Sowohl der »Schlaffi« als auch der »Knochenbrecher« sind höchst unbeliebt. Ein Griff in mittlerer Stärke, einige Sekunden gehalten – ohne »Dauerschütteln«! – wird als angenehm empfunden. Bei Schweißhänden entweder kurz vorher die Hände waschen oder ein (Papier-)Taschentuch zum Abwischen – nicht in Gegenwart anderer – bereithalten.

zone erfordern, sind in unserem Land befreundeten beziehungsweise vertrauten Menschen vorbehalten und unter Fremden höchst unerwünscht – bestimmte »Bussi-Bussi-Kreise« ausgenommen, in denen diese Art der Begrüßung als »Ich-will-dazugehören-Signal« statt als freundschaftliche Geste verstanden wird. Ein Handkuss ist im Berufsleben deplatziert. Auf dem gesellschaftlichen Parkett gilt heute: Er steht nicht nur – wie früher – verheirateten Damen zu, sondern allen anwesenden Frauen. Entschließt sich ein Mann zu dieser Begrüßung, ist also »durchküssen« angesagt, wobei natürlich wie eh und je gar nicht geküsst wird! Der Herr beugt sich über den Handrücken der Dame, verharrt kurz wenige Zentimeter über ihm und richtet sich ohne »Schmatzer« wieder auf.

Mit nonverbalen Signalen Distanz überbrücken

Ein Beispiel für eine berufliche Situation, die in der dritten Distanzzone manchmal auftaucht: Jemand kommt in ein Büro. Die dort anwesende Person, die er besuchen will, telefoniert gerade. Sendet sie ihm deutliche Signale »Du bist trotzdem willkommen«, ist die Situation entspannt. Bleiben solche nonverbalen Zeichen aus, entsteht Unsicherheit bis Ärger. Positive körpersprachliche Aussagen sind: Blickkontakt aufnehmen, die Körperfront der oder dem Eintretenden zuwenden, mit einer Geste weiter in den Raum hineinbitten und mit einer Handbewegung zu einem freien Stuhl einen Platz anbieten. Dies ist natürlich die Notlösung, eine sofortige höfliche Begrüßung ist immer der bessere Weg. Auch dabei gibt es nonverbale Äußerungen der Wertschätzung. Es ist ein »ungeschriebenes Gesetz« des Gästeempfangs: Je weiter ich dir, meinem Gast, auf meinem Terrain entgegenkomme, desto mehr zeige ich dir meinen Respekt. Das Minimum des Entgegenkommens bei einer partnerschaftlichen Begegnung in einem Büro ist daher, sich den Weg zwischen Tür und Schreibtisch zu teilen. Soll ein Gast das Gefühl von besonderer Wichtigkeit vermittelt bekommen, wird diese Spanne erweitert – bis zur Zimmertür, zum Fahrstuhl auf der Etage, zur Haustür (in der Firme: bis zum Pförtner), zum Bahnhof, zum Flugplatz.

Bei der Verabschiedung wird die Reichweite der Begleitung genauso als Signal von »mehr oder minder wichtig« empfunden.

2

Zusätzlich sollten Sie zwei weitere nonverbale Signale der Wertschätzung bei einer Begrüßung beachten:

- Schließen Sie nach dem Aufstehen das Jackett/die Kostümjacke, ehe Sie auf jemanden zugehen. So zeigen Sie ohne Worte: Sie sind es mir wert, dass ich für Sie auch auf korrekte Kleidung achte.
- Bei einer Begrüßung soll die linke Hand nicht in der (Hosen-)Tasche versenkt sein. Das gilt ebenso beim Grüßen, Bekanntmachen oder Vorstellen. Vorsicht bei dieser Geste auch im Gespräch. Vorrangig die ältere Generation empfindet sie als sehr unhöflich oder gar respektlos.

Ebenen: Niemand mag sich als »Bonsai« fühlen

»Der höfliche Mann steht zur Begrüßung einer anderen Person immer auf.« »Eine Dame bleibt zur Begrüßung eines Herrn immer sitzen.« – Zwei alte Umgangsformen-Regeln. Die erste hat für Männer auch heute noch uneingeschränkt Bestand. Die »Damen-Aussage« hingegen ist Schnee von gestern. Im Berufsleben gilt heute: Selbstverständlich steht eine Frau zur Begrüßung von Männern genauso auf wie ihre Kollegen. Im Privatleben entscheiden Frauen nach eigenem Gutdünken darüber, was sie für angebracht halten. Betagten Damen soll natürlich nicht nahe gelegt werden, ihre Gewohnheiten zu ändern. Im privaten Bereich ist das Aufstehen jedoch ebenfalls um Längen moderner und nicht nur für junge Frauen empfehlenswert. Es signalisiert zum einen Wertschätzung und hat zum anderen auch diesen Effekt: Zwei Menschen befinden sich dadurch auf derselben Kommunikationsebene. Das ist weitaus angenehmer, als wenn eine Person sitzt und die andere steht. Vorrangig die »Untere« fühlt sich – besonders in einem Gespräch – meist sehr unwohl, »bonsaimäßig« klein oder gar »untergebuttert«. Das Ungleichgewicht »oben – unten« kann Signale von Macht vermitteln: Wer »oben« ist, steht nicht nur im körperlichen Sinn über der oder dem anderen, sondern wird häufig als »übermächtig« empfunden. Vermeiden Sie deshalb diesen Unterschied der Positionen.

Führen Sie Gespräche möglichst auf einer Ebene – entweder alle stehen oder alle sitzen

»Hallo, wer bist denn du?« – Im Kindesalter kinderleicht, das Kennenlernen

Das ABS-Mini-Quiz für Ihren persönlichen Schnell-Check zu den Themen Bekanntmachen, Selbstvorstellung und Anreden:

1 »ICH HEISSE FRAU SCHNEIDER« ist eine moderne Form der Selbstvorstellung. ❑ richtig ❑ falsch

2 DER ZUSATZ »HERR« sollte in einer Selbstvorstellung nicht erscheinen. ❑ richtig ❑ falsch

3 **WENN SICH IHNEN EINE JUNGE FRAU** mit »Ich bin Ina« vorstellt, können Sie sie duzen, ohne ins Fettnäpfchen zu treten. ❑ richtig ❑ falsch

4 **IN JEDER SITUATION** wird eine jüngere Person einer älteren vorgestellt. ❑ richtig ❑ falsch

5 **HAT JEMAND MEHRERE AKADEMISCHE GRADE**, etwa »Professorin Dr. Dr. h. c.«, werden diese bei einer Anrede alle genannt. ❑ richtig ❑ falsch

6 **ADELIGE WERDEN** beispielsweise mit »Frau Gräfin«, »Herr Baron«, »Frau Herzogin« angesprochen. ❑ richtig ❑ falsch

Haben Sie etwas Zeit, die Antworten herauszufinden? Dann lesen Sie bitte das folgende Kapitel. Möchten Sie das Ergebnis lieber auf einen Blick? Schauen Sie einfach auf Seite 126 nach.

2

Von Gattinnen, verehrten Herren Brüdern und meiner Wenigkeit

Hier einige alte Floskeln, die nicht mehr up to date sind:

- »Erlauben Sie, dass ich Ihnen … vorstelle?«
- »Gestatten Sie, dass ich Sie mit meiner Gattin bekannt mache?«
- »Ich gestatte mir die Freiheit, meine Wenigkeit vorzustellen.«
- »Würden Sie die Güte haben, mich Ihrer verehrten Frau Mutter/ Ihrem verehrten Herrn Bruder vorzustellen?«
- »Angenehm!« oder
- »Habe die Ehre!« (als Erwiderung)

Die Ausdrücke »Gattin« und »Gatte« sind ganz allgemein out (Gemahlin/Gemahl ebenso) und im Beispiel zusätzlich stillos. Von der eigenen Frau wurde auch früher nicht als »meine Gattin« gesprochen.

Das war schon immer falsch verstandene Vornehmheit – ebenso bei »mein Gatte«. Ein alter, feststehender Satz war damals: »Ich bitte um Empfehlung an Ihre Gattin (Ihren Gatten).« Er galt als höfliche Form, Grüße übermitteln zu lassen. Hören Sie ihn von älteren Menschen, akzeptieren Sie ihn bitte als lang vertraute Form, ohne mitleidig darüber zu lächeln. Im zeitgemäßen Sprachgebrauch ist es aber höflich genug, Grüße an »Ihre Frau«, »Ihren Mann« oder beispielsweise »Ihre Mutter« ausrichten zu lassen. »Frau Mutter«, »Herr Bruder«, »Fräulein Schwester« und auch »Meine Wenigkeit« werden unter modernen Gesichtspunkten als sprachliche Verrenkung betrachtet und sind nicht mehr nötig. Als Erwiderung auf ein Bekanntmachen ist die heutige Form, entweder den Tagesgruß in Verbindung mit dem Namen zu verwenden oder einen der Situation entsprechenden Satz wie: »Ich freue mich, Sie (endlich) kennen zu lernen« zu formulieren.

Darf ich vorstellen? Das Bekanntmachen

Die um Erlaubnis bittenden Einleitungen werden ebenfalls besser ersetzt. Sie sind wohl die »Königinnen« der rhetorischen Fragen. Oder haben Sie schon jemals gehört, dass darauf jemand »Nein« gesagt hätte? Schlichte Sätze wie: »Ich freue mich, Sie mit … bekannt zu machen« treffen den Ton der Zeit weit besser. Doch selbst wenn die Überschrift in der modernen Formulierung erschiene: »Ich freue mich, Ihnen das Bekanntmachen vorzustellen«, würden Sie vermutlich fragen: »Was soll das denn?« Die meisten Menschen verwenden die Begriffe »vorstellen« und »bekannt machen« synonym. Es ist

TIPP

→ Wenn Sie Zweifel haben, ob »vorstellen« oder »bekannt machen« die passende Ausdrucksweise ist, wählen Sie eine neutrale Formulierung. Beispiel: »Ich freue mich, dass Sie sich (heute, endlich) kennen lernen.«

jedoch besser, sie zu trennen und der jeweiligen Situation entsprechend zu wählen. Bekannt gemacht wird im privaten, gesellschaftlichen Bereich und im Beruf unter hierarchisch Gleichgestellten. Beispiel: Sie machen Ihren Freund und Ihren Bruder »miteinander bekannt«, statt sie einander »vorzustellen«. Das Wort »Vorstellung« beinhaltet einen hierarchischen Unterschied. Da ein solcher früher auch im Privatleben wichtig war, ist es der überlieferte Begriff. Er sollte heute nur noch in bestimmten Konstellationen verwendet werden. Beispiel: bei einer einseitigen Vorstellung, etwa einer Podiumsdiskussion. Dort werden die Beteiligten dem Publikum vorgestellt. Ebenso kann im Beruf ein neues Teammitglied dem Chef »vorgestellt« werden. Aber auch dort ist es kein Muss, das Wort zu verwenden.

Beim Namen genannt – die richtige Reihenfolge

Bleibt nun noch die Frage: »Wessen Name wird zuerst genannt?« Auch hier hilft das Trumpfkarten-System (→ Seite 33). Zur Erinnerung: Im Privatleben haben die Dame und die deutlich ältere Person diese Karten, im Beruf die oder der in der Firmenhierarchie Höherstehende sowie die Kundschaft. Wer die Trumpfkarte besitzt, hat das Recht, den Namen des Gegenübers als Erster zu erfahren. Das bedeutet aber auch, dass die Trumpfkarten wandern! Beispiel private Situation: Ilse Siebenundfünfzig soll mit Patrick Vierundzwanzig bekannt gemacht werden. Ilse hat eindeutig die Trumpfkarte – genau genommen sogar zwei davon. Warum? Sie ist deutlich älter als Patrick und die Dame. Also hat sie das (doppelte) Recht, als Erste zu erfahren, wer der junge Mann ist. Sein Name wird ihr demnach zuerst bekannt gegeben, dann erfährt er, wie sie heißt. Sind diese beiden aber in einer betrieblichen Situation, in der Ilse die neue Mitarbeiterin und Patrick der Chef ist, wandert die Trumpfkarte zum »Boss«. Da im Beruf innerbetrieblich ausschließlich die Hierarchie zählt, haben Vorgesetzte das Recht, zuerst den Namen des »Neulings« zu erfahren.

Übrigens: Beim Bekanntmachen und Vorstellen durch Dritte gehören »Titel« – so der etwas ungenaue Sammelbegriff –, etwa akademische Grade und Adelsprädikate, stets zum Namen. Bei der Selbstvorstellung hingegen werden diese Zusätze weggelassen. In beiden Fällen ist es jedoch oft empfehlenswert, die Namensnennung mit einigen ergänzenden Informationen zu erweitern. Das können zum Beispiel verwandtschaftliche Beziehungen, Hobbys, Wohnort, berufliche Aspekte oder Positionen sein. Dies ist hilfreich für einen Gesprächseinstieg unter den sich ja gerade erst Kennenlernenden.

»Gestatten? Mein Name ist Herr Holzhammer«

Auch für eine Selbstvorstellung gilt: Einleitende Fragewörter wie »Gestatten?« sollten besser weggelassen werden. Noch dringender jedoch ist Herrn Holzhammer nahe zu legen, auf den Zusatz »Herr« zu verzichten. Es hat auch schon früher als stillos gegolten, wenn ein Mann sich so vorstellte, und daran hat sich bis heute nichts geändert. Im Gegensatz dazu wurde Frauen zugestanden, auf ihren Status als Ehefrau hinzuweisen. »Ich heiße Frau Schröder« etwa war eine durchaus gängige und nicht verpönte Formulierung. Doch sie gilt inzwischen als sehr verstaubt und eignet sich keinesfalls mehr für eine Frau, die sich modern darstellen möchte. Formulierungsmöglichkeiten für eine Selbstvorstellung sind:

- »Ich bin Andrea Muster.« »Ich bin Dominik Muster.« Das ist die psychologisch wirkungsvollste, weil selbstbewussteste Form – also am empfehlenswertesten.
- »Ich heiße Andrea Muster.« »Mein Name ist Dominik Muster.« Dies sind die zweitbesten Formen.

- »Ich heiße Muster.« »Mein Name ist Muster.« Diese Möglichkeiten werden nicht als unhöflich, aber als altmodisch eingestuft. Bei der modernen Selbstvorstellung wird der Vorname mitgenannt.
- »Muster.« Nur den Nachnamen zu nennen wirkt sehr knapp, kann sogar als brüskierend empfunden werden. Dazu kommt: Der Name wird – ohne »Vorwarnung« ausgesprochen – oft kaum richtig aufgenommen und verstanden (→ auch »Telefon«, Seite 58). Diese Form sollte daher nur in Ausnahmefällen gewählt werden, zum Beispiel wenn jemand sehr schnell hintereinander mehrmals seinen Namen nennen muss.

TIPP

Fettnäpfchen bei der Selbstvorstellung

- »Mein Name ist Herr Muster.«
- »Ich bin Professor Dr. Dr. Muster.«
- »Ich heiße Frau Professorin Muster.«
- »Ich bin Gräfin von Muster zu Musterhausen.«

»Ich bin Julia« – Freifahrtschein fürs Duzen?

Hören Sie diese Version – Selbstvorstellung nur mit dem Vornamen –, haben Sie in der Tat von Ihrem Gegenüber die Duzerlaubnis bekommen. Am häufigsten wird diese Form in der »Twen-Generation« praktiziert, sie hat aber in anderen Altersgruppen dieselbe Bedeutung. Ob Sie das Duzangebot annehmen, ist Ihre Entscheidung. Tun Sie es, sollten Sie aber damit rechnen, zurückgeduzt zu werden. Eine andere Möglichkeit: Sie verwenden den Vornamen in der Kombination mit dem »Sie«. Diese Anredeform – sie wird übrigens auch das »hanseatische Du« genannt – findet in Deutschland in den letzten Jahren als Alternative zwischen duzen und siezen immer mehr Fans.

»You can say you to me« – ein typisch deutsches Problem

In manch anderer Sprache stellt sich das Differenzierungsproblem zwischen »Sie« und »Du« nicht – zumindest nicht bei der Wortwahl. In unserem Land bleibt es aber nun mal dabei: Die meisten Menschen empfinden ein »Du« als vertrauter, intimer als das »Sie«, welches mehr Distanz ausdrückt. Deshalb ist es nach wie vor Usus, erst nach einer Absprache vom »Sie« zum »Du« zu wechseln. Und wer ergreift dazu die Initiative? Bis auf eine Ausnahme die »Trumpfkarten-Menschen« (→ Seite 44). Zwei Beispiele: Ein Mitarbeiter bietet seiner Chefin nicht das »Du« an. Er weiß, es ist ihr Entscheidungsrecht, ob sie sich mit Teammitgliedern duzen möchte oder nicht. Ebenso offeriert ein Teenager nicht einem Menschen im Großelternalter: »Hey, Friedrich, lass uns doch einfach du sagen.« Die »Trumpfkarten«-Ausnahme: Im Privatleben ist es unerheblich, ob – innerhalb einer Generation – die Frau dem Mann oder er ihr das »Du« anbietet.

Formulieren Sie ein Duzangebot bitte immer so, dass die betreffende Person sich nicht »überrollt« fühlt, etwa mit: »Wir sollten uns duzen. Du weißt ja, ich heiße Anton.« Lassen Sie Ihrem Gegenüber die Chance auf eine freiwillige Entscheidung. Am besten, indem Sie direkt signalisieren »Ich nehme auch eine Ablehnung nicht übel«. Formulierungsbeispiel: »Ich finde, wir arbeiten so harmonisch zusammen, dass wir auch zum ›Du‹ übergehen könnten. Wenn Sie das aber im Beruf nicht gut finden, können wir auch gern beim ›Sie‹ bleiben.«

Anreden: Die liebste Vokabel eines Menschen ist sein Name

Dieser Satz ist sehr bekannt und es steckt viel Wahrheit darin. Gerade in unserer Zeit, in der wir oft »Nummern« sind – »Ihre Kundennummer zuerst bitte!«, »Nein, nein, nicht den Namen – Ihre Servicenummer brauche ich« –, ist es wichtig, durch die Anrede mit Namen das Gefühl zu vermitteln: Sie sind mir wichtig; Sie sind für mich nicht eine anonyme Person unter vielen, sondern ein Individuum.

Für Angehörige beiderlei Geschlechts gilt: Anreden mit Namen ja, aber bitte nicht zu viel des Guten. Wer nach jedem zweiten Satz »Frau Granzow« oder »Herr Fehr« einschiebt, wirkt – je nach Empfindung seines Gegenübers – affektiert, devot, heuchlerisch, kurz gesagt: übertrieben. Das gilt für persönliche Gespräche wie für Telefonate. Eine Anmerkung noch zum Fräulein: Diese Anrede ist in Deutschland überholt, behördlicherseits für Frauen ab 18 Jahren – und zwar mündlich wie schriftlich. Nur auf persönlichen Wunsch – der manchmal gerade bei älteren Damen besteht – soll die Anrede »Fräulein« noch verwendet werden.

Titel – ein schwieriges Kapitel

Die Schwierigkeit beginnt bereits bei der Klärung der Frage: Welche Titel werden in der Anrede überhaupt genannt? Darunter fallen akademische Grade, Adelsprädikate, verliehene (Ehren-)Titel, Amts- und

Doppelnamen verkürzen?

Solange Sie dazu kein grünes Licht seitens der betreffenden Person bekommen, bleiben Sie bitte bei der »Lang-Version«

TIPP

Für Männer

→ Weichen Sie bei jüngeren Frauen nicht auf die Anrede »Gnädige Frau« aus, wenn Sie Ihr Namensgedächtnis im Stich gelassen hat. Diese schließen daraus sowieso meist: Aha, Namen vergessen. Auch im Berufsleben ist diese Anrede deplatziert. Nur bei älteren Damen, die es gewohnt sind, mit »Gnädige Frau« angesprochen zu werden, ist diese Anrede noch angebracht – vorausgesetzt, Sie meinen sie so respektvoll, wie sie ursprünglich gedacht war.

Funktionsbezeichnungen bei hohen, auch kirchlichen, Ämtern. Der nächste Zwiespalt ist dann oft: Muss ich diese ganzen Titel denn wirklich nennen? Nun, ein Muss, sich an bestimmte Umgangsformen zu halten, gibt es für Erwachsene ganz allgemein nicht – auch nicht bei anderen Detail-Regeln. Wenn jemand das alles albern, überflüssig oder sonst was findet, ist es sein gutes Recht, die Regeln außer Acht zu lassen. Ein anderes Muss steht dann allerdings unverrückbar im Raum – ein erwachsener Mensch muss auch die Konsequenzen tragen, die aus seinem Verhalten erwachsen. Solche Auswirkungen haben natürlich eine große Bandbreite. Sie können von völlig harmlos über geringfügig, erheblich bis – im Extremfall – hin zu existenzgefährdend reichen. So ist beispielsweise ein Geschäftsmann der folgenden Meinung: »Ich sehe gar nicht ein, meinen potenziellen Kunden mit ›Herr Dr. Tüchtig‹ anzureden. Schließlich habe ich im Leben genauso viel geschafft wie der.« Warum die Konkurrenz den Auftrag bekam, hat er nie verstanden. Wie sollte er auch ahnen, dass Herr Dr. Tüchtig nun gerade zu den Titelträgern gehört, die großen Wert auf eine komplette Anrede legen? Womit wir bei der nächsten Titel-Schwierigkeit sind. In Deutschland unterscheiden sich die Einstellungen zur Anrede mit akademischem Grad (oder anderen Titeln) erheblich. Es gibt ähnlich viele, die ihn unbedingt hören möchten, wie solche, die Wert darauf legen, dass er nicht genannt wird. Bei Fremden können Sie jedoch nicht wissen, zu welcher Gruppe sie gehören. Deshalb ist es am klügsten, sich an die zwar alte, aber nach wie vor aktuelle Titel-Regel zu halten: Reden Sie Titelträgerinnen und -träger anfangs immer korrekt mit Titel und Namen an. Erst wenn jemand von sich aus anbietet: »Bitte lassen Sie doch … (Dr., Professorin, andere Titel) … weg, ich werde lieber nur mit dem Namen angesprochen (mir reicht der Name)«, beschränken Sie sich auf die Anrede mit dem Namen. Die Ausnahme: Akademikerinnen und Akademiker untereinander reden sich üblicherweise direkt nur mit dem Namen an. Hier weitere Tipps zu wichtigen Anreden und Anschriften:

- Akademische Diplome wie Dipl.-Ing. werden in der Anrede nicht verwendet. Sie tauchen allenfalls in einer Briefadresse auf. Aber auch das ist heute kein Muss mehr.
- Akademische Grade werden in Verbindung mit »Herr/Frau« sowie dem Namen genannt. Bei mehreren solcher Titel wird in der Anrede nur der höchste gewählt, in der Adresse hingegen werden alle aufgeführt. Beispiel: »Frau Professorin Dr. Dr. h. c. Sybille Steiner« lautet die Anschrift, die Anrede »Frau Professorin Steiner« beziehungsweise schriftlich »Sehr geehrte Frau Professorin Steiner«. Innerhalb einer Universität kann der Name auch wegfallen. Im Gegensatz zu »Dr.«, das immer abgekürzt verwendet wird, sollen »Professorin« und »Professor« ausgeschrieben werden.
- Bei ehrenhalber verliehenen Doktortiteln werden die Zusätze – e. h., h. c. (honoris causa) – bei Anreden nicht mit erwähnt. Es bleibt bei »Frau/Herr Dr. Muster«. Nur in der Anschrift kommen sie dahinter: Herrn Dr. h. c. Alfred Muster.
- Magistra/Magister ist eine Anrede, die in Österreich dazugehört. In Deutschland wird sie nicht gebraucht.
- Bei hohen Staatsämtern werden die jeweiligen Amtsbezeichnungen ohne Namen verwendet. Beispiele: (Sehr geehrter) Herr Bundespräsident, (Sehr geehrte) Frau Bundeskanzlerin, (Sehr geehrte) Frau Bundestagspräsidentin.
- Alle Amtsbezeichnungen werden für Frauen in der weiblichen Form benutzt wie Ministerin, Ministerpräsidentin, Staatssekretärin.

TIPP

- Weder akademische Grade noch Amts- und Funktionsbezeichnungen werden, wie früher üblich, der Ehefrau einfach »mitgeschenkt«. Die Frau eines Arztes ist nur dann »Frau Doktor Muster«, wenn sie ebenfalls promoviert hat. Das gilt ebenso für »Frau Direktor« – wie die »bessere Hälfte« eines Mannes auf diesem Posten früher tituliert wurde.

- Amts- und Funktionsbezeichnungen wie (Ober-) Bürgermeisterin, Landrat, Staatsanwältin, Richter, Präsidentin werden heute nur noch verwendet, wenn die betreffende Person in offizieller Funktion agiert. Im Privatleben wird daraus »Frau/Herr (akademischer Grad) Muster«.
- »Magnifizenz« (Rektor/in einer Universität) und »Spektabilität« (Dekan/in) wird allenfalls noch im universitären Bereich bei hochoffiziellen Anlässen gebraucht. Sonst → akademische Grade.
- »Eure Eminenz« (Kardinal) und »Eure Exzellenz« (Bischof) können als Anrede verwendet werden, müssen aber nicht mehr. »Herr Kardinal« und »Herr Bischof« sind ebenso korrekt und moderner.

Wann Sie »Frau« und »Herr« tatsächlich weglassen

Eine Sonderstellung nehmen Anreden und Anschriften für Adelige ein. Es heißt in der Tat »Guten Tag, Gräfin Thiesenhausen«, »Dr. Graf Hillegossen, möchten Sie lieber einen Kaffee oder Tee?« oder in der Schriftform »Sehr geehrte Baronin Weinland« und nicht »Frau Gräfin«, »Herr Graf« oder »Frau Baronin«. Das gilt ebenso für Prinzessinnen und Prinzen, Herzoginnen, Herzöge sowie Fürstinnen und Fürsten aus nicht regierenden Häusern. Hat der Name einen Zusatz wie »zu Hillegossen« oder »von der Sowiesoburg«, fällt er in der mündlichen Anrede unter den Tisch. Ebenso ein »von«, wenn es in Verbindung mit einem anderen Adelsprädikat steht. Bei Briefadressen werden solche Namensteile hingegen nicht weggelassen und auch »Frau« oder »Herrn« taucht dann auf. Kommt ein akademischer Grad (oder mehrere) dazu, steht der – wie immer – vor dem Vornamen. Beispiele: »Herrn Dr. Uwe Graf zu Hillegossen«, »Frau Professorin Alexandra Gräfin von der Sowiesoburg«. Bitte beachten Sie dabei die Reihenfolge: »Frau Gräfin Alexandra von ...« ist verkehrt. Das Adelsprädikat bleibt immer beim Nachnamen. Freifrauen und Freiherren werden mit »Frau von ... / Herr von ...« angesprochen und auch schriftlich so angeredet. Bei der Adresse lässt sich nach traditioneller Art eine Doppelung »Frau Catharina Freifrau von … / Herrn Alexander Freiherr von …« nicht vermeiden. Um diesen pleonastischen Effekt aus der Welt zu schaffen, wird den modernen Varianten heute oft der Vorzug gegeben: »Catharina Freifrau von …« »Alexander Freiherrn von …« Wichtig dabei: Achten Sie bei der männlichen Form auf das »n«, das bei dieser Version zum »Freiherrn« rutscht. Bei Baroninnen und Baronen – die Tochter ist die Baroness – entfällt bei der Anrede üblicherweise das »von«. Es taucht nur in der Anschrift auf.

Anreden wie »(Eure) Hoheit« oder »Durchlaucht« und Adresszusätze wie »S. K. H.« – Seiner Königlichen Hoheit – stehen, genau genommen, nur noch Angehörigen regierender Königs- oder Fürstenhäuser zu. Im gesellschaftlichen Umgang werden aber trotzdem oft noch die vor 1919 gültigen Formen gebraucht. Die verschiedenen Anredemöglichkeiten sind abhängig von persönlichen Einstellungen und Wünschen, die weit auseinander driften können.

Wenn Sie also in spontanen Begegnungen unsicher sind, wie die richtige Anredeform ist, fragen Sie einfach die betreffende Person. Das ist weitaus besser, als sich in einem Gespräch ständig um eine direkte Ansprache herumzudrücken. Adeligen sind solche Fragen nicht fremd. Trotzdem ist es für geplante Treffen besser, sich vorher schlau zu machen, welche Anrede die jeweilige Person bevorzugt. Im Geschäftsleben kann das schnell und unproblematisch durch ein Telefonat von Sekretariat zu Sekretariat geschehen.

TIPP

→ Detailinformationen zur richtigen Anrede finden Sie auch im Standardwerk »Genealogisches Handbuch des Adels« (herausgegeben vom Starke-Verlag, Limburg/Lahn), das manchmal auch in Stadtbüchereien vorhanden ist. Eine weitere gute Auskunftsquelle ist das Deutsche Adelsarchiv in Marburg.

Small Talk – dummes Blabla oder hilfreiches Kommunikationsmittel?

Wer Letzteres für richtig hält, ist klug. Das »kleine Gespräch« schafft Verbindungen, fördert Beziehungen und erleichtert die Kommunikation. Richtig verstandener Small Talk hat mit »Bla-Bla-Gelabere« nichts zu tun. Er hilft Menschen, miteinander ins Gespräch zu kommen, ist Rahmen für schwierige Unterhaltungen, Bodenbereiter für tiefer gehende Dialoge und Türöffner für intensiven Gedankenaustausch. Ein Nobelpreisträger hat einmal gesagt: »Das echte Gespräch bedeutet aus dem Ich heraustreten und an die Tür des Du klopfen.« Genau diese Türklopfer-Funktion ist eine der wichtigsten Eigenschaften des Small Talk. Er ist unter Fremden der Tester, ob die Tür für persönlichere, ernstere oder intimere Dialoge geöffnet wird. Fehlt dieses Anklopfen, wird aus einem Gesprächsanfang ein unliebsames »Mit-der- (Gesprächs-)Tür-ins-Haus-Fallen«.

»Light-Talk«

»Small Talk« wird oft negativ interpretiert. Die Alternative: »Light Talk« – ein »leichtes Gespräch«, das mühelos und unkompliziert, jedoch nicht geistlos ist

Auch in bestehenden Verbindungen ist Small Talk unerlässlich. Stellen Sie sich bitte Folgendes vor: Sie kommen zu einer Geschäftsverhandlung und Ihre Geschäftspartnerin sagt als Erstes: »Guten Tag Frau/Herr Beispiel. Der Punkt vier Ihres Angebots ist nicht o.k. Den Preis kann ich auf keinen Fall akzeptieren.« Irritation wäre wohl das »unschädlichste« Gefühl, das sich in Ihnen breit macht. Bei einem solchen Überrumpelungseinstieg fehlt das Warm-up für das Gespräch. Das ist wie beim Sport: Wer sich nicht warm macht, riskiert Verletzungen, zumindest aber Zerrungen. Oder denken Sie an eine Fernseh-(Talk-)Show. Dort gibt es »Warmupper«, die das Publikum emotional auf die Sendung einstimmen. Genau das soll ein guter Small Talk vor einem ernsten oder schwierigen Gespräch tun.

Small-Talk-Einstieg unter Fremden

»Und wo bleibt das Wetter?«, werden Sie nun vielleicht fragen. Eine der am weitesten verbreiteten Negativ-Assoziationen zu Small Talk ist »Wetter-Blabla«. Zu einem solchen werden Gespräche in der Tat, wenn sie sich ausschließlich um dieses Naturphänomen drehen. In der Kombination mit anderem hingegen ist das Wetter durchaus als Small-Talk-Einstieg geeignet. Beispiel: »Ich hoffe, Sie hatten trotz des plötzlichen Wintereinbruchs keine Probleme bei der Anreise.« Die höfliche Frage nach einem angenehmen Anfahrtsweg ist in vielen Fällen ein guter Gesprächsanfang. Nur sollte der Small Talk nicht darauf beschränkt bleiben. Intelligenter Small Talk handelt diesen Einstieg schnell ab und geht dann zu weiteren empfehlenswerten Themen über. Dabei ist wichtig, dass Sie keine Monologe halten. Small Talk ist wie sanftes Pingpong: Werfen Sie Ihrem Gegenüber einen Gesprächsball zu und geben Sie ihm die Gelegenheit, diesen auch zurückzuspielen. »Pingpongen« Sie durch geschickte Fragen. Und bitte denken Sie daran: Auch in einem Small Talk sind gute Zuhörqualitäten unerlässlich.

Richtiges Zuhören: Was ist das?

»Wie lange brauchst du noch, Liebling?«, ruft Tom vom Flur ins Badezimmer. »Treib mich nicht ständig zur Eile an«, gibt Tina pikiert zurück. »Was soll denn nun diese blöde Reaktion?«, knurrt er gereizt, »wohl schlechte Laune heute?« »Nein, überhaupt nicht«, faucht sie zurück, »aber deine ewigen Unterstellungen, ich würde nie pünktlich fertig und …« Alltagsstreit. Der schön geplante Ausgehabend verliert an Glanz. Dabei hat Tom lediglich erforschen wollen, wie viel Zeit ihm noch bis zum Weggehen bleibt, um diese sinnvoll nutzen zu können. Was ist passiert? Tina hat auf dem »falschen« Ohr gehört. Sie hat noch nie etwas von den verschiedenen Aspekten gehört, die jede verbale Botschaft enthält. Einer der bekanntesten Kommunikationspsychologen unterscheidet vier: den Sach-, Beziehungs-, Selbstoffenbarungs- und Appell-Aspekt. Toms Frage kam aus dem »Sach-Mund«, landete bei Tina aber im »Appell-Ohr«. Sie verstand: Beeil dich. In ihre nächste Aussage mischt sich auch der »Beziehungs-Mund« ein: … »ewigen Unterstellungen …« Sie hat die Botschaft also »über Kreuz« aufgenommen statt parallel. Hätte sie Letzteres getan, wäre die Antwort eine Sachinformation gewesen, etwa: »Ich denke, in zehn Minuten bin ich fertig.« Eine solche Auskunft hat Tom erwartet. Selbst wenn sie weniger konkret ausgefallen wäre – »Ich weiß noch nicht genau, aber zehn Minuten brauche ich mindestens noch« –, hätte ihn das vollauf zufrieden gestellt. Weniger Streit also und kaum Missverständnisse, wenn eine Botschaft vom »richtigen« Ohr aufgenommen wird. Dies ist ein sehr

Die richtige Wortwahl

Verwenden Sie Ich-Botschaften und -Aussagen. Statt: »Sie haben …«, »Du machst …« – »Ich meine/denke/höre/fühle …«

wichtiger Teil des richtigen Zuhörens. Außerdem sollten Sie sich in jedem Gespräch, auch im Small Talk, bemühen, weitere, ebenfalls häufige Zuhör-Fehler zu vermeiden – die meisten Kommunikationsprofis bezeichnen sie als »Hören« und »Hinhören«: Nur »Hören« bedeutet mit sich selbst beschäftigt sein; nur sporadische Aufmerksamkeit, die weniger auf das Gegenüber gerichtet ist, sondern eher auf den eigenen Gedankengang oder die Chance, zu Wort zu kommen. »Hinhören« ist schon etwas besser, aber ebenfalls nicht optimal: Zwar aufnehmen, was die oder der andere sagt, aber ohne das Bemühen, Hintergründe, Zwischentöne einer Aussage oder die Gefühlslage der Person zu erforschen. Das Nonplusultra in Gesprächen ist »aktives Zuhören«. Ursprünglich wurde dieser Begriff für die Gesprächstherapie geprägt. Inzwischen wird aktives Zuhören als Schlüsselqualität in jedem Gespräch gewertet. Die sieben wichtigsten Faktoren des aktiven Zuhörens sind:

1 **HÖREN SIE NICHT NUR MIT DEN OHREN**, sondern setzen Sie alle Sinne ein, um auch versteckte Botschaften aufzunehmen.

2 **BRINGEN SIE IHREM GEGENÜBER WERTSCHÄTZUNG UND ACHTUNG ENTGEGEN.** Versuchen Sie, sich in die andere Person hineinzuversetzen: Welches ist ihr innerer Bezugsrahmen? Das ermöglicht Ihnen einfühlendes, nicht wertendes Verstehen. »Ich kann verstehen, dass du dich so ausdrückst (verhältst), auch wenn ich es nicht akzeptieren kann.« Verstehen ist nicht gleichbedeutend mit Zustimmung zu einem Verhalten!

3 **BEACHTEN SIE DIE KÖRPERSPRACHE.** Achten Sie besonders auf Inkongruenz (→ auch Seite 25). Beispiel: Jemand sagt zu Ihnen: »Mich interessiert sehr, was Sie dazu zu sagen haben« und verlässt gleichzeitig den Raum. Halten Sie sich auch an die »ungeschriebenen Gesetze« des Blickkontakts (→ Seite 22).

4 **SETZEN SIE POSITIVE VERSTÄRKER EIN**, verbale wie nonverbale. Beispiele: Streuen Sie ab und zu eine kurze Äußerung

ein wie »Aha«, »Genau«, »Hm«, »Ich verstehe«, »Nein wirklich?«. Dies sind nicht nur deutliche Zeichen aktiven Zuhörens. Sie ermuntern darüber hinaus Sprechende, weiterzureden. Das gilt auch für nonverbale Zeichen wie ein Kopfschütteln oder -nicken, ein Lächeln und Ähnliches. Aber bitte Achtung: Solche Signale müssen an den passenden Stellen und mit Überlegung gegeben werden. Ein Kopfnicken wird bei uns als »Ja« verstanden. Meinen Sie es nicht als Zustimmung zum Inhalt des Gesagten, sondern nur als Ausdruck: »Ich verstehe«, kann das schnell zu Missverständnissen führen.

5 **UNTERBRECHEN SIE SPRECHENDE NICHT.** Erstens, weil das unhöflich ist. »Andere im Gespräch ausreden lassen« wird laut einer Repräsentativ-Umfrage von 97,8 Prozent der Deutschen als wichtigste Höflichkeitsregel betrachtet. Zweitens, weil aktives Zuhören vollständige Informationen verlangt. Die aber erhalten Sie nicht, wenn Sie Ihrem Gegenüber permanent ins Wort fallen.

6 **PRÜFEN SIE IHR VERSTÄNDNIS,** indem Sie erforschen: »Habe ich das Gehörte richtig aufgenommen?« Die Antwort darauf können Sie sich nicht selbst geben, sondern nur beim »Sender« erbitten. Dazu geben Sie diesem eine Rückmeldung, in der Sie das Gehörte mit eigenen Worten als Frage/Feststellung wiedergeben, wie »Was Sie sagen, fasse ich so auf …« »Dir ist also wichtig, dass …« »Habe ich Sie richtig verstanden, wenn ich Ihre Aussage so interpretiere …?«.

7 **HÖREN SIE AUCH »ZWISCHEN DEN ZEILEN«.** Die gerade angeführten Beispiele für Rückmeldungen spiegeln nur das Gehörte. Aktives Zuhören bedeutet darüber hinaus, nicht nur spiegelndes, sondern auch interpretierendes Feedback zu geben. Das zeigt: Sie haben die versteckte Botschaft erkannt und Gefühle hinter den Wörtern gesucht. Beispiele: Aussage: »Stell dir vor, ich muss bis übermorgen noch fast 30 Seiten schreiben. Ich weiß überhaupt nicht, wie ich das schaffen soll.« Spiegelnde Rückmeldung: »Habe ich dich richtig verstanden? Fast 30 Seiten bis übermorgen? Reichlich viel. Ver-

ständlich, dass du nicht weißt, wie das zu schaffen ist.« Interpretierende Rückmeldung, aktives Zuhören: »Ich höre, dass du dieses Pensum für kaum zu schaffen hältst. Mein Gefühl ist, dass dich das unsicher und mutlos macht. Hast du Angst vor negativen Konsequenzen, wenn du die Arbeit nicht pünktlich zu Ende bringst?«

Telefon & Co. – zwischen segensreicher Erfindung und Nervtöter

Das ABS-Mini-Quiz für Ihren persönlichen Schnell-Check zum Thema Telefonieren:

1. ERWACHSENE sollen sich im Gegensatz zu Jugendlichen nicht mit Vor- und Zunamen am Telefon melden. ❑ richtig ❑ falsch
2. »GUTEN MORGEN, REDAKTION BÜCHERWURM, ICH BIN INGE LESERATTE« ist eine sehr moderne und höfliche Gesprächsannahme im Beruf. ❑ richtig ❑ falsch
3. »SIE MÜSSEN ES SPÄTER NOCH MAL VERSUCHEN« ist eine empfehlenswerte Telefonauskunft. ❑ richtig ❑ falsch
4. ES IST HÖFLICH, zu Beginn eines Telefonats zu fragen: »Störe ich dich/Sie gerade?« ❑ richtig ❑ falsch
5. HANDYS haben sich inzwischen so etabliert, dass sich niemand mehr Gedanken darüber zu machen braucht, wo er in der Öffentlichkeit telefoniert. ❑ richtig ❑ falsch

Haben Sie etwas Zeit, die Antworten herauszufinden? Dann lesen Sie bitte das folgende Kapitel. Möchten Sie das Ergebnis lieber auf einen Blick? Schauen Sie einfach auf Seite 126 nach.

Telefonzeiten: Gibt es die im Privatleben?

Auf die Minute festgelegt gibt es sie nicht. Als Richtwert für einen Anruf in einem fremden Privathaushalt gelten aber diese empfohlenen Kernzeiten: werktags morgens zwischen 9:30 und 12:30 Uhr, nachmittags ab 15:00 Uhr bis 20:00 Uhr und an Wochenenden sowie Feiertagen morgens besser erst später. Ausnahmen davon gibt es erstens, wenn es der oder dem Angerufenen nützt, außerhalb dieser Zeiten behelligt zu werden. Beispiel: Eine Kosmetikerin kann wegen plötzlicher Erkrankung einen Termin morgens um 9:00 Uhr nicht einhalten. Beachtete sie die offiziellen Zeiten, müsste die Kundin oder der Kunde einen unnötigen Weg in Kauf nehmen. Das verursachte sicher mehr Ärger, als wenn sie gegen 8:00 Uhr anruft. Denn wer um 9:00 Uhr einen Termin hat, wird mit größter Wahrscheinlichkeit eine Stunde vorher nicht mehr aus dem Schlaf geschreckt. Die zweite Ausnahme: Wenn Sie die Lebensgewohnheiten anderer Menschen kennen, brauchen Sie nicht über empfohlene Telefonzeiten nachzudenken. Beispiele: Sie wissen von einem Freund oder Familienmitglied, dass dessen liebste Uhrzeit zum Telefonieren spät abends ist. Oder Sie kennen den Schichtarbeitsplan einer Bekannten. Dann ist es völlig unsinnig, wenn Sie sich nach einer Nachtschicht an die empfohlenen Vormittagszeiten halten. Sie sehen, Telefonsitten sind ein hervorragendes Beispiel für: »Mit wem spiele ich?« – personengerecht entscheiden.

Auch im Berufsleben können Sie beim Telefonieren Rücksicht beweisen.

Zwar kann in einer Firma außerhalb der Geschäftszeiten niemand gestört werden, also gibt es dort keine Richtzeiten, dennoch: Kennen Sie festgelegte Mittagspausen oder bei Gleitzeit bestimmte Kernarbeitszeiten einer Person? Dann umgehen Sie bei Anrufen möglichst die bekannten Abwesenheitszeiten. Sie erleichtern so denjenigen die Arbeit, die während dieser Phasen die Gespräche für »Aushäusige« annehmen.

»Hier ich – wer da?« Richtiges Melden

Die traditionelle Gesprächsannahme im Privatleben war: Der Herr des Hauses meldete sich mit »Muster«; die Mutter mit »Muster« oder »Frau Muster«; die unverheirateten Kinder mit »Judith Muster« und »Yannik Muster« – bei Vornamensgleichheit mit dem Vater setzte ein Sohn »junior« hinzu – und ein Gast oder ein »guter Hausgeist« mit »bei Muster« und dem eigenen Namen. Das bedeutet: Für »gut erzogene Eltern« war es falsch, sich mit Vor- und Zunamen zu melden. Das ist inzwischen überholt. Die moderne Empfehlung lautet: Wie bei einer Selbstvorstellung wird der Vorname auch am Telefon mit genannt – unabhängig von Familienstand und Alter. Wer die alte Regel beibehalten möchte, gilt nicht als unhöflich, wirkt aber etwas »von gestern«. Das ist besonders bei dem Zusatz »Frau« der Fall. Frauen, die sich ein modernes Image wünschen, sollten ihn auf jeden Fall weglassen. Das Gegenteil gilt allerdings für den Tagesgruß, und zwar für jede Person. Er gehört zu einer höflichen Gesprächsannahme einfach dazu, auch im Privatleben. Diejenigen, die sich dort statt mit dem Namen nur mit »Hallo« oder ähnlich melden, sollten wissen: Die überwiegende Mehrheit der Deutschen findet das nach wie vor unhöflich. Und darüber, ob das Verschweigen des Namens wirklich als Schutzfunktion

Nach einer Fehlverbindung wortlos aufzulegen ist unhöflich. Freundlich ist eine kurze Entschuldigung wie: »Oh, tut mir Leid, ich habe mich wohl verwählt.«

2

TIPP

→ Geraten Sie an einen »Geheimniskrämer«, der seinen Namen nicht nennt, fragen Sie nicht zurück »Wer ist denn da bitte?«. Denn wer aus Sicherheitsbedürfnis seinen Namen verschweigen will, wird diesen daraufhin sowieso nicht preisgeben. Eher gibt er die Frage zurück. Deshalb ist es praktischer, wenn Sie sich zuerst zu erkennen geben.

hilft – oft als Begründung für ein »Hallo« angeführt –, lässt sich trefflich streiten. Ausnahme: eine Geheimnummer, die nirgends erscheint. Dort könnte ein Melden mit dem Namen das »Geheimnis« platzen lassen. Und wer eine solche Nummer von anderen hat, wird die oder den Angerufenen sowieso an der Stimme erkennen. Solche Überlegungen sind im Geschäftsleben überflüssig. Dort ist klar, dass ein »Hallo« oder Ähnliches nicht in Frage kommt. Die zeitgemäße Gesprächsannahme im Beruf lässt Ihnen jedoch eine gewisse Auswahl. Grundbestandteile sind Tagesgruß, Firmenname und Name der annehmenden Person – modern auch hier: mit Vor- und Zunamen. Die Reihenfolge ist dabei variabel. Beispiele:

- Guten Morgen, Rechtsanwälte Ehrlich und Partner, Catharina Fleißig.
- Reisebüro Schönwetter, Linus Flug, guten Tag.
- Tanzcenter Tausendfuß, mein Name ist Anna Tango, guten Abend.
- Guten Tag, Bankhaus Goldtaler, Sie sprechen mit Christian Wertvoll.
- Guten Morgen, Redaktion Bücherwurm, ich bin Inge Leseratte.

Die letzte Form ist die modernste. Sie wird – wie bei einer Selbstvorstellung in persönlichen Begegnungen – besonders empfohlen. Ob Sie den Tagesgruß an den Anfang oder ans Ende setzen, ist gleichermaßen höflich. In vielen Fällen empfiehlt es sich aber aus folgendem Grund, ihn voranzustellen: Die erste Silbe wird in der Regel nicht richtig wahrgenommen, wenn sie unvermittelt aufs Ohr trifft. Oft gehen sogar zwei Silben verloren. Ist das erste Wort entbehrlich, spricht nichts dagegen, den Gruß ans Ende zu stellen. So ist es beispielsweise bei »Reisebüro Schönwetter« nicht schlimm, wenn die oder der Anrufende erst beim »Schönwetter« die volle Aufmerksamkeit entwickelt hat. Bei »Ost KG, Gisela West« hingegen wäre es schlecht, wenn der kurze Firmenname unterginge.

»Da müssen Sie es schon noch mal versuchen« – typische Telefon-Killerphrasen

Zugegeben: »Killerphrasen« klingt etwas reißerisch. Doch andere Ausdrücke wie Gesprächsstörer, Konfliktförderer, Streitverstärker und Ähnliche sind zwar richtig, verharmlosen aber die Fakten. Schon eine unbedacht verwendete Killerphrase kann »töten« – eine Geschäftsbeziehung zum Beispiel, die dadurch gar nicht erst zu Stande kommt. Dazu zählen alle »Sie-müssen-Phrasen«. Der Grund: Die meisten Erwachsenen sind – wenn auch unbewusst – allergisch dagegen, wenn sie gesagt bekommen »Sie müssen …«. Das resultiert zum einen aus unliebsamen Kindheitserinnerungen – »du musst«, »du sollst«, »du darfst nicht«. Zum anderen schränkt jedes »müssen« die Entscheidungsfreiheit ein. Darauf reagieren viele Menschen besonders empfindlich. Vermeiden Sie deshalb besser solche und ähnliche Formulierungen. Damit verringern Sie das Konfliktpotenzial in allen Gesprächen – nicht nur am Telefon!

TIPP

→ Können Sie die Nummer auf Ihrem Display eindeutig zuordnen oder sehen Sie den Namen, ist eine direkte Begrüßung »Guten Tag, Frau Jarosch. Wie schön, dass Sie sich melden« (etwa nach einem Rückrufwunsch) eine sehr persönliche Gesprächsannahme. Auch freiwillige Rückrufe sind höfliche Gesten, wenn Sie sehen, dass jemand vergeblich versucht hat, Sie zu erreichen.

Die häufigsten Killerphrasen und positive Umformulierungsmöglichkeiten

- − »Da müssen Sie es schon noch mal versuchen!«
- + »Kann ich Sie anrufen, wenn Herr Rick zurück ist?«

- − »Sie müssen warten.«
- + »Bitte gedulden Sie sich einen Augenblick.«

- − »Sie müssen schon entschuldigen.«
- + »Bitte entschuldigen Sie, dass ...«

- − »Sie müssen doch einsehen, dass ...«
- + »Bitte betrachten Sie die Angelegenheit doch auch unter diesem Aspekt: ...«

- − »Sie haben das ganz falsch verstanden!«
- + »Ich habe mich offensichtlich nicht ganz klar ausgedrückt.«

- − »Ich kann Sie nicht weiter verbinden. Frau Dr. Tüchtig ist nicht im Haus.«
- + »Frau Dr. Tüchtig wird gegen 15:30 Uhr zurück sein. Kann sie dann bei Ihnen anrufen?«

- − »Ich weiß über diesen Vorgang nicht Bescheid.«
- + »Herr Peters ist mit dem Vorgang vertraut. Soll ich Sie mit ihm verbinden?«

»Die ist nicht da«: Auskünfte über andere geben

»Wolfgang Huber, hallo.« »Guten Tag. Hier ist Ina Lustig. Kann ich bitte Frau Huber sprechen?« »Moment, da muss ich mal nachsehen.« Herr Huber legt eine Hand über die Muschel und ruft: »Ilse, bist du für eine Ina Lustig zu sprechen?« »Um Himmels willen nein, halt mir die bloß vom Leibe. Nervensäge! Sag ihr, ich bin nicht da.« »Tut mir Leid«, übermittelt er auftragsgemäß an Ina, die natürlich alles mitgehört hat, »die ist nicht da.« Eine solche Art, ein Telefonat abzuwimmeln, findet bestimmt nicht nur Ina Lustig wenig lustig. Wenn schon »Verleugnungs-Arie«, dann muss auf jeden Fall sichergestellt sein, dass die anrufende Person nichts hört. Das ist bei modernen Telefonanlagen problemlos möglich. Außerdem ist die Wortwahl … »mal nachsehen …« ungeschickt – privat wie beruflich. Das gilt auch für »Da muss ich mal hören (schauen, fragen)«. Das »riecht« förmlich nach Abwimmeln. Denn wo fragt, schaut oder hört man wohl nach? Na klar, bei der gewünschten Person, die dann »nicht da« ist.

Wählen Sie besser Formulierungen wie: »Frau Daub hat gleich eine Besprechung, Ich frage nach, ob die Zeit für ein Gespräch noch reicht.« »Ich weiß, dass Herr Scholz zu einem Termin muss. Ich sehe nach, ob er das Haus schon verlassen hat.« »Meine Kollegin ist in einem Beratungsgespräch mit einer Kundin. Ich weiß nicht, ob ich durchstellen kann oder ob sie das Telefon zur Zentrale umgeschaltet hat.« Und Herr Huber hätte sagen können: »Meine Frau hat mir gerade gesagt, dass sie einkaufen gehen will. Ich weiß nicht, ob sie schon weg ist.« Im privaten Bereich ist es außerdem genauso gut, direkt zu sagen: »Meine Frau kann leider im Augenblick nicht ans Telefon kommen. Soll ich ihr etwas ausrichten? Oder ist es Ihnen lieber, wenn sie später bei Ihnen anruft?« Sogar ohne Bekanntgabe des »Nicht-können-Grundes« ist das höflich genug. Im Beruf ist es allerdings besser, eine neutrale Aussage zu verwenden. (→ oben). Geben Sie dort auch keine indiskreten Informationen preis. »Die ist nur mal grad für kleine Mädchen, müsste in ein paar Minuten wieder da sein« wirkt mehr als unprofessionell. Ebenfalls ungeschickt sind Aus-

TIPP

→ Die höflichste Form, wenn jemand telefonisch nicht zu erreichen ist: Bieten Sie einen Rückruf an. Halten Sie sich aber an realistische Zeiten. Ein Rückrufversprechen nicht einzuhalten oder zu vergessen zeugt von schlechtem Benehmen.

sagen wie »Nein, er ist noch nicht im Haus …« – mag der Gute wohl Langschläfer sein? – oder »Sie ist gerade zum Bäcker gefahren …« – na, na, mitten in der Arbeitszeit!?

»Ich kann jetzt nicht«: Telefonate selbst abwimmeln

Ein Anruf ist – genau genommen – immer ein »Überfall«. (Außer bei Callcentern und Telefonzentralen, wo es der Beruf der dort Tätigen ist, Gespräche anzunehmen.) Deshalb hat selbstverständlich jeder Mensch das Recht, sich gegen unerwünschte Störungen zu wehren. Im Privatleben reicht dazu ein höflicher Hinweis wie »Ich würde mich gern länger mit dir/Ihnen unterhalten, nur …«. Der Inhalt der folgenden Aussage hängt natürlich vom Vertrautheitsgrad zur anrufenden Person ab. Etwa: »… bin ich gerade sehr in Eile. Kann ich später zurückrufen?« »… bin ich gerade auf dem Sprung, Linus aus dem Kindergarten zu holen. Lass uns bitte später noch einmal telefonieren.« »… habe im Augenblick nicht die nötige Ruhe für ein Gespräch. Ich würde dich gern später wieder anrufen.« Auch im beruflichen Bereich sind ähnliche Aussagen unter vertrauten Personen kein Problem, etwa zwischen Kolleginnen: »Bitte, kann ich in etwa zehn Minuten zurückrufen? Ich muss unbedingt schnell einen Brief für die Chefin fertig machen.« Schwieriger wird es bei Kundenkontakten. Dann ist Abwimmeln in den meisten Fällen nicht empfehlenswert, weil die Gefahr von Verärgerung besteht. Wie Sie das verhindern können? Verdeutlichen Sie der Kundin oder dem Kunden, dass sie oder er einen Nutzen davon hat, wenn Sie beide etwas später telefonieren. Beispiel: »Damit ich Sie optimal beraten kann, möchte ich mir gern Ihre Unterlagen kurz noch einmal anschauen. Kann ich Sie dann wieder anrufen?«

Ein höflicher Gesprächsbeginn: Fragen Sie bei privaten Telefonaten immer direkt zu Anfang: »Störe ich dich/Sie gerade?« Dann hat die oder der Angerufene die willkommene Gelegenheit, dies zu bejahen, und Sie können direkt einen späteren, günstigeren Termin vereinbaren. Auch in bestimmten beruflichen Konstellationen ist eine solche Frage angebracht. Beispiel: Sie haben von jemandem eine Durchwahlnummer, die für besonders dringende Angelegenheiten eingerichtet ist und in der Regel nicht auf ein Vorzimmer oder die Zentrale umgestellt wird. Auch in weniger speziellen Fällen ist es oft ratsam, einleitend zu fragen: »Passt es Ihnen gerade (haben Sie gerade ein paar Minuten Zeit)? Sonst rufe ich gern später wieder an, wenn Sie mir eine Uhrzeit nennen, zu der es Ihnen angenehm ist.« Besonders empfehlenswert ist das, wenn Sie den alleinigen Nutzen aus einem Telefonat ziehen.

Handy: Wann wird es zur Plage?

Vorab, um Missverständnisse zu vermeiden: Ein Handy ist nichts Verdammenswertes. Es kann hilfreich und sogar lebensrettend sein. Das Problem ist der gedanken- und rücksichtslose Umgang damit. Und den produziert nicht das Gerät, sondern der Mensch, der es benutzt. Wie groß der »Nervfaktor« inzwischen ist, belegen Umfragen. In einer der letzten sprachen sich 92 Prozent der Befragten dafür aus, in Deutschland Verbotszonen für Mobiltelefone einzuführen. Dieser Wunsch wird vielfach bereits umgesetzt, etwa bei der Bahn oder in Restaurants. Allerdings werden diese Handyverbotsschilder viel zu oft ignoriert. Sie zu beachten ist aber eine der Grundhöflichkeiten im Umgang mit diesem Kommunikationsmittel. Darüber hinaus ist es wichtig, sich gerade dort, wo es keine Verbotszeichen gibt, Gedanken darüber zu machen: Wie kann ich anderen Menschen Belästigungen ersparen? Dafür gilt es, sich erst einmal bewusst zu machen, welches die größten Störfaktoren sind. Zum einen ist es das ständige »Gebimmele« – Klingeln, Piepsen, Bellen, Quietschen oder »Singen« einer Melodie –, also die Geräuschbelästigung, wenn jemand angerufen wird. Zum anderen stört die meisten Menschen das aufgezwungene

Mithören von Gesprächen, die sie weder etwas angehen noch sehr unterhaltsam sind. Obwohl: Manchmal kann so ein Telefonat ein »Langeweile-Vertreiber« zur Prüfung der eigenen Kreativität werden. Beispiel Zug: Hinter Ihnen wird jemand angerufen. Sein erster Satz: »Ich bin gerade zwischen … und …« (Klar, die erste Frage war: Wo bist du denn gerade?) »Weiß ich noch nicht so genau, der Zug hat Verspätung.« (Aha, es wurde gefragt, wann er nach Hause (??) kommt.) »Nein, Mutti hat gesagt, ich soll sie erst anrufen, wenn ich da bin.« (Also nicht nach Hause, sondern weg von zu Hause.) Aber Spaß beiseite. Solche »Spielchen« sind wenig erbauend, wenn Sie in dieser Situation Ihre Ruhe haben, konzentriert lesen oder arbeiten möchten. Deshalb gilt als oberster Grundsatz für das Telefonieren in der Öffentlichkeit: Überall dort, wo es die Ruhe und Entspannung oder die Konzentration anderer stört, soll darauf verzichtet werden.

Zehn wichtige Tipps für den Umgang mit dem Handy sind:

1. **RESPEKTIEREN SIE TABUZONEN** und Höflichkeitsverbote (→ Kleiner Handy-Knigge, innere Umschlagseite). Besonders wichtig: Bei Beerdigungen und Krankenbesuchen bitte das Handy nicht einmal sichtbar mitnehmen! Es während einer Trauerzeremonie in der Hand zu tragen wäre das nonverbale, aber unübersehbare Negativ-Signal: Ich habe nicht einmal so viel Anteilnahme, während dieser Zeit der Trauer andere »Wichtigkeiten« auszuschalten.
2. **NUTZEN SIE DIE MÖGLICHKEITEN,** Lärmbelästigungen zu vermeiden: Vibrationsalarm, Mobilbox.
3. **ENTFERNEN SIE SICH** bei gesellschaftlichen Anlässen und in anderen Situationen zum Telefonieren von den Anwesenden.
4. **FASSEN SIE SICH KURZ,** wenn Sie auf Ihrem Handy angerufen werden. Das Gespräch kostet die oder den Anrufenden schließlich mehr Geld, als es bei einem Anruf im Festnetz der Fall ist.
5. **BEDENKEN SIE DIES AUCH** bei dem Text für Ihre Mobilbox. Ein Satz wie: »Leider bin ich zur Zeit nicht erreichbar, weil ich

entweder gerade in einem Funkloch stecke oder anderweitig beschäftigt bin« verteuert nicht nur unnötig das Gespräch für Anrufende, er ist schlicht überflüssig. Der Grund: Es ist sowieso klar, dass jemand gerade nicht erreichbar ist, wenn die Mailbox in Aktion tritt.

6 **LEGEN SIE IHR HANDY NICHT AUF DEN (SCHREIB-)-TISCH,** wenn Sie mit jemandem im Gespräch sind. Das signalisiert: Ich bin jederzeit bereit, die Unterhaltung mit Ihnen (dir) zu unterbrechen. Die unterschwellige, aber eindeutige Negativ-Botschaft: Sie sind (du bist) mir nicht wichtig.

7 **MELDEN SIE SICH AUF IHREM HANDY** genauso mit Tagesgruß, Firmen- und eigenem Namen, wie Sie es bei einem Festnetzapparat tun. Die Ausnahmen: Sie nutzen Ihr Handy nur privat und sehen auf dem Display, dass Sie jemand anruft, der Sie am »Ja, bitte?« oder »Hallo« erkennt. Oder Sie können die direkte Begrüßung mit Namen praktizieren (→ Seite 59).

8 **NEHMEN SIE EINEN ANRUF AUF EINEM FREMDEN HANDY** nur im äußersten Notfall entgegen. Beispiel: Ihre Kollegin ist im Firmengebäude unterwegs, somit können Sie ihr das Handy nicht hinterher tragen. Melden Sie sich dann mit Ihrem Namen, dem Tagesgruß und dem Zusatz: »Apparat Regine Musterfrau«.

9 **STELLEN SIE, UM SOLCHE SITUATIONEN ZU VERMEIDEN, DIE FUNKTION DER MOBILBOX** so ein, dass sie etwa nach dem vierten Klingeln in Aktion tritt. Das ist auch dann sehr praktisch, wenn Sie einen zweiten Anruf, während Sie telefonieren, nicht annehmen können, weil Sie das erste Gespräch einfach nicht so schnell »abwürgen« können.

10 **NUTZEN SIE EINE BERUFLICHE HANDYNUMMER,** die Sie von jemandem bekommen haben, auf keinen Fall spät abends oder am Wochenende. Der Grund: Selbst ein versierter Technikfan kann einmal vergessen, auf die Mobilbox umzustellen. Jeder Mensch hat aber – Handyzeitalter hin oder her – ein Recht auf Privatsphäre.

Höflichkeit in Alltags- und Konfliktsituationen – zwischen Kinderspiel und Kopfzerbrechen

Das ABS-Mini-Quiz für Ihren persönlichen Schnell-Check zu den Themen Rauchen, Krankenbesuch und Trauerfall:

1. DORT, WO KEINE ASCHENBECHER STEHEN, ist das Rauchen nicht erlaubt. ❑ richtig ❑ falsch
2. ZWISCHEN DEN GÄNGEN eines Menüs kann unbedenklich geraucht werden. Nur solange andere am Tisch noch essen, ist das Rauchen verpönt. ❑ richtig ❑ falsch
3. ES IST EMPFEHLENSWERT, zu einem Krankenbesuch einen Blumenstrauß aus weißen Blüten mitzunehmen, etwa Callas, Lilien und Astern. ❑ richtig ❑ falsch
4. SEHR DUNKLE KLEIDUNG, möglichst in Schwarz, ist auch heute noch für eine Trauerfeier oder Beerdigung angebracht. ❑ richtig ❑ falsch
5. EIN KONDOLENZBRIEF wird auf weißem Papier mit schwarzem Rand geschrieben. ❑ richtig ❑ falsch
6. DER BESTE WEG, das Beileid auszusprechen, ist, zum Telefonhörer zu greifen. ❑ richtig ❑ falsch

Haben Sie etwas Zeit, die Antworten herauszufinden? Dann lesen Sie bitte das folgende Kapitel. Möchten Sie das Ergebnis lieber auf einen Blick? Schauen Sie einfach auf Seite 126 nach.

Öffentliche Verkehrsmittel: Bahn frei für die Freundlichkeit

Ob S- oder U-Bahn, Bus, Zug oder Straßenbahn – gibt es hier Gedränge, herrscht Ausnahmezustand. Der Grund: In einem vollen oder gar überfüllten öffentlichen Verkehrsmittel müssen alle Menschen von ihrem eigentlichen (wenn auch oft unbewussten) Wunsch – bleib mir von der Pelle, Fremdling! – Abstand nehmen (→ auch Distanzzonen, Seite 35, und Territorium, Seite 19). Deshalb reagieren viele Menschen in einer solchen Situation besonders empfindlich. Das gilt übrigens für Einkaufsrummel genauso. Etwas, das in großer Entfernung nicht einmal eines Blickes gewürdigt wird, kann in der Enge zur groben Belästigung werden. Beispiele: Sie sehen in einer Fußgängerzone in einigen Metern Entfernung ein junges Mädchen mit Rucksacktasche. Diesem Citybag werden Sie nur Aufmerksamkeit schenken, wenn Sie ihn beispielsweise besonders hübsch finden. Sehen Sie ähnlich weit weg eine Person, die einen Schirm mit der Spitze nach hinten unter den Arm geklemmt trägt, wird es Sie kaum interessieren. Beide Objekte sind in der Distanz »harmlos«, können aber im Gedränge »gefährlich« werden. Die Spitze des Regenschirms bohrt sich wie eine Waffe in die Magengegend; eine Schnalle des Rucksacks droht die Nase aufzukratzen. Die »Im-Gewühl-Grundsatzregel« lautet deshalb: Erhöhte Umsicht und Rücksichtnahme sind gefragt. Dazu zählt in öffentlichen Verkehrsmitteln natürlich auch, anderen Menschen einen Platz anzubieten. Wer

TIPP

→ Schenken Sie Ihren Mitmenschen immer Ihre volle Aufmerksamkeit – und dies ganz besonders im Gedränge. Und wenn trotzdem mal ein Missgeschick passiert ist – wie jemanden versehentlich angerempelt zu haben – denken Sie bitte an eines der »Zauberwörter«: Entschuldigung!

für wen aufstehen sollte, ist ein heiß diskutiertes Thema. Unbestritten sind dabei zwei Punkte. Erstens: Wer einen Behindertenplatz ohne Anspruch darauf besetzt, muss aufstehen, wenn ein behinderter Mensch zusteigt. Dass es überhaupt nötig erscheint, darauf hinzuweisen, ist beklagenswert. Dass darüber hinaus sogar manch behinderter Mensch erst mehrfach um einen solchen Platz bitten muss, ist mehr als traurig. Die zweite eindeutige Regel: Tüten, Taschen und Füße haben keinen Sitzplatzanspruch, wenn »Homo sapiens« dafür stehen muss. Ob nun aber die traditionelle Regel – ein junger Mensch steht immer für einen älteren, ein Kind immer für Erwachsene und ein Mann immer für eine Frau auf – uneingeschränkt Bestand haben soll, ist diskussionswürdig. Wobei die Betonung auf »immer« liegt, denn grundsätzlich ist dieses Verhalten natürlich empfehlenswert. Doch auch hier ist es besser, das »Von-Mensch-zu-Mensch-Prinzip« (→ Seite 12) im Auge zu behalten. Beispiel: Ein Abc-Schütze, den schweren Ranzen auf dem Rücken, in einer Hand den Turnbeutel, unter den anderen Arm einen Zeichenblock geklemmt, steigt ein. Wie menschlich und freundlich ist es doch, wenn etwa eine erwachsene Frau dann ihren Platz für das Kind räumt. Auch weitere kleine Hilfeleistungen, wie jemandem beim Ein- oder Aussteigen zu helfen oder bei einem Koffer mit anzupacken, sind in öffentlichen Verkehrsmitteln durchaus angebracht. Außerdem zählt es zur Höflichkeit, rein praktische Regeln zu beachten: Erst aussteigen lassen, dann einsteigen; möglichst passendes Fahrgeld parat haben, statt einen Fünfzig-Euro-Schein zu zücken.

Wünschenswerte Geste

Fällt einem Fahrgast offensichtlich das Stehen schwer, sollte eine sitzende Peson, die sich einigermaßen gut fühlt, ihren Platz anbieten

TIPP

→ Helfen Sie mit, die Alltagsatmosphäre für alle möglichst angenehm zu verschönern. Ein einfaches Mittel: Ein Gruß – am schönsten in Verbindung mit einem Lächeln! Zum Beispiel, wenn Sie ein geschlossenes Eisenbahnabteil betreten, für die Sitznachbarin in der Straßenbahn oder für den Fahrer, wenn Sie dort zusteigen.

»Warum guckst du wie ein Auto?« – Rücksichtnahme im Straßenverkehr

Sehr oft schauen Menschen nicht erstaunt, sondern verärgert, wenn sie sich – in welcher Rolle auch immer – im Straßenverkehr befinden. Rücksichtslosigkeit und aggressives Verhalten machen sich mehr und mehr breit. Die Straßenverkehrsordnung reicht offensichtlich nicht aus, ein angenehmes Miteinander in dieser Situation zu gewährleisten. Die Androhung von Strafgeldern, Punkten und Führerscheinentzug scheint viele kaum zu interessieren. Bleibt nur die Hoffnung, dass ein Appell für mehr Rücksichtnahme nicht ungehört verhallt. Und der richtet sich an alle, weil im Straßenverkehr vom Kind bis zum Sechsunddreißig-Tonner alle miteinander auskommen müssen. Das jedoch kann nur funktionieren, wenn jeder sich bewusst macht: Ich kann zur Gefahr für andere werden, ganz gleich, ob ich zu Fuß, mit dem (Motor-)Rad oder dem Auto unterwegs bin. Deshalb stehen Verhaltensformen im Straßenverkehr unter dem Motto »Sicherheit geht vor Höflichkeit«. Beispiel Auto: Die Aufmerksamkeit für den fließenden Verkehr ist wichtiger, als jemandem auf dieser Seite die Autotür aufzuhalten. Besteht keine Gefahr, ist es allerdings wie eh und je gentlemanlike, wenn der Mann einer Frau die Beifahrertür öffnet. Unter modernen Gesichtspunkten verhält sich die Frau »gentlewomanlike«, wenn sie sich einem männlichen Gast gegenüber genauso verhält. Übrigens: Das oft zu hörende Argument »Aber ich habe doch Zentralverriegelung ...!« ändert an der alten Autohöflichkeit nichts. Oder besitzen Sie einen Wagen wie das Superauto K.I.T. aus der Serie »Night Rider«, bei dem mit der Fernentriegelung auch die Beifahrertür aufspringt?

Wie sich mehrere Personen im Auto die Plätze teilen, entscheiden Sie am besten individuell nach persönlichen Wünschen und unter diesem Gesichtspunkt: Für wen wäre es unbequem, einen bestimmten Platz einzunehmen? Es soll beispielsweise aus Sicherheitsgründen von der

Bürgersteigseite eingestiegen werden. Eine Person muss also »durchrutschen«. Dass dies dann nicht gerade dem ältesten Gast oder der Dame im langen Abendkleid zugemutet werden soll, bedarf wohl keiner langen Diskussion. Absprachen lohnen sich hingegen sehr wohl bei längeren Autofahrten, etwa über Geschwindigkeit und Gespräche: Bekommt ein Gast ab 140 km/h das große »Flattern«? Fühlt sich die Fahrerin in ihrer Konzentration gestört, wenn ihr Nebenmann pausenlos Gespräche führen möchte? Ist das Temperaturempfinden von Fahrer und Mitfahrenden gleich? Und – ganz wichtig – darf im Auto geraucht werden? Eine Grundregel zum Rauchen – dort, wo Aschenbecher stehen, ist es erlaubt – gilt im Auto wegen der teils serienmäßig eingebauten Ascher nicht. Da selbst Raucherinnen und Raucher ihr Auto oft zur qualmfreien Zone erklären, gilt hier: Bitte nie ohne Erlaubnis rauchen. Treffen Sie gegebenenfalls rücksichtsvolle Absprachen.

DER EHRENPLATZ IM AUTO

→ Nur im offiziellen Bereich ist er festgelegt. In einem Wagen mit Berufsfahrerin oder Chauffeur wird einem (Ehren-)Gast der rechte hintere Sitz angeboten. Der zweitbeste ist der Platz links hinten. Die sinnvollste Lösung im Privatbereich: Lassen Sie einen Gast den Platz wählen. So kann er entscheiden, wo er sich am wohlsten fühlt.

Rauchen: So lässt sich der Krieg um den »blauen Dunst« vermeiden

Wohl auf keinem anderen Gebiet der Umgangsformen finden sich so viel Rücksichtslosigkeit auf der einen und Intoleranz auf der anderen

Seite wie beim Thema Rauchen. Selbst verstärkter Nichtraucherschutz hilft nur unvollkommen, das zu verringern – etwa die Änderung der Arbeitsstättenverordnung oder die Tatsache, dass mehr und mehr Bahnhöfe zu rauchfreien Zonen erklärt werden. Solche Initiativen regeln einiges, aber längst nicht alles. In der Öffentlichkeit, beispielsweise in Restaurants, müssen die Menschen ohne Gesetze oder Bestimmungen für ein friedliches Miteinander von Nichtrauchenden und Rauchenden sorgen. Und auf diesem Gebiet gibt es noch viel zu tun! Das belegen sogar repräsentative Umfragen. Das größte Problem, das dabei zu Tage trat: Die meisten Rauchenden meinen von sich, die wichtigsten Raucher-Regeln oft oder gar immer zu beherzigen. Nichtraucher dagegen empfinden das völlig anders! Dabei wäre eine friedliche Koexistenz beider »Lager« so einfach, wenn sich alle an die grundlegenden Umgangsformen-Regeln halten würden. Hier sind sie: Die zehn goldenen Regeln für Raucherinnen und Raucher:

1. OBERSTES GEBOT: Nehmen Sie immer Rücksicht auf Nichtrauchende. Reagieren Sie weder beleidigt noch aggressiv, wenn Sie auf das Rauchen verzichten sollen.
2. RESPEKTIEREN SIE UNBEDINGT RAUCH-TABUZONEN. Dabei geht es nicht nur um Sicherheitsverbote wie an Tankstellen oder auf Flugplätzen, sondern um jeden Bereich, der mit einem Rauchverbotsschild gekennzeichnet ist – etwa die in Restaurants als »Nichtraucher-Ecke« deklarierten Zonen.
3. BETRACHTEN SIE AUCH FREUNDLICH FORMULIERTE BITTEN ALS AUFFORDERUNG ZUM VERZICHT. Beispiele: »Wir bitten Sie, mit Rücksicht auf die Gäste im Frühstücksraum auf das Rauchen zu verzichten.« »Bitte rauchen Sie nur in den speziell ausgewiesenen Raucherzonen.« »Bitte unterstützen Sie uns dabei, die Kassenhalle rauchfrei zu halten.«
4. RAUCHEN SIE KEINESFALLS, wenn andere an Ihrem Tisch noch essen.

5 **VERZICHTEN SIE ZWISCHEN DEN GÄNGEN** eines Essens auf das Rauchen, wenn Nichtrauchende mit am Tisch sitzen. Fragen Sie dann nicht einmal, ob Sie rauchen dürfen. Frühestens nach dem Dessert wird – wenn überhaupt – »Rauch frei« gegeben.

6 **FRAGEN SIE IN DER ÖFFENTLICHKEIT AUCH DANN FREMDE,** ob Ihr Rauchen stören würde, wenn Sie sich in einem Bereich befinden, wo das Rauchen erlaubt ist. Beispiel: an einem Tisch im Café, in dem geraucht werden darf. Die Ausnahme: speziell ausgewiesene Raucherzonen.

7 **STELLEN SIE DIE »DARF-ICH-RAUCHEN?-FRAGE« EHRLICH** und nicht auf diese Art: »Sie gestatten doch …?«, die Zigarette schon fast im Mund, das Feuerzeug bereits entflammt.

8 **VERZICHTEN SIE AUF DAS RAUCHEN,** wenn Sie auf Ihre Frage »Würde es Sie stören, wenn ich hier rauche?« ein »Ja« als Antwort bekommen.

9 **BETRETEN SIE EIN FREMDES GEBÄUDE** oder eine unbekannte Wohnung nicht mit einer brennenden Zigarette (Zigarillo, Zigarre, Pfeife).

10 **BEACHTEN SIE DIE ASCHENBECHER-GRUNDREGEL:** Dort, wo keine Ascher stehen, ist Rauchen nicht gestattet.

Die 10 goldenen Regeln für Nichtraucherinnen und Nichtraucher

1 **GEBEN SIE RAUCHENDEN NICHT DAS GEFÜHL,** sie seien »Menschen zweiter Klasse«.

2 **VERKNEIFEN SIE SICH BELEHRUNGEN** und Moralpredigten.

3 **ÄUSSERN SIE IHREN WUNSCH** nach rauchfreier Luft freundlich, wenn Rauchende vergessen haben, Sie zu fragen.

4 **FALLS ES ES SIE WIRKLICH NICHT STÖRT,** wenn zwischen den einzelnen Gängen eines Menüs geraucht wird, gestatten Sie es ausdrücklich.

5 FÖRDERN SIE DIE KULTUR DES EHRLICHEN FRAGENS UND ANTWORTENS. Vermuten Sie nicht hinter jeder »Raucher-Frage«, sie sei rhetorisch gestellt. Wenn Sie Rauchen stört, antworten Sie ehrlich, aber freundlich.

6 SUCHEN SIE KOMPROMISSE. Beispiel: Bei einer längeren Autofahrt werden kurze Rauchpausen eingelegt, wenn im Auto nicht geraucht werden soll.

7 BIETEN SIE KURZE RAUCHPAUSEN bei längeren Veranstaltungen wie Konferenzen oder Seminaren an.

8 ÜBERLEGEN SIE, ob Sie Ihren Gästen bereits in der Einladung mitteilen, dass in Ihrer Wohnung nicht geraucht werden darf. Beispielsweise, wenn Sie zu einem Abendessen bitten.

9 VERSUCHEN SIE, für rauchende Gäste Alternativen zu finden, wenn Sie Ihr Heim rauchfrei halten wollen. Beispiele: ein bestimmter Raum, Wintergarten, Balkon, Terrasse.

10 ZEIGEN SIE RAUCHENDEN GEGENÜBER auch mal Anerkennung dafür, dass sie Rücksicht nehmen.

»Na ja, dumm gelaufen!« – Entschuldigung mit Fettnäpfchen-Gefahr

»Ich mich entschuldigen!? Das geht nicht. Damit würde ich ja einen Fehler zugeben und außerdem Schwäche zeigen!« So denken viele Menschen, besonders wenn sie in einer beruflichen Führungsrolle sind. Zugegeben: Unterlaufen einer Führungskraft häufig Fehler, wird das die Frage nach der richtigen Person am richtigen Platz aufwerfen. Bleibt ein Lapsus jedoch die Ausnahme, beweist eine Entschuldigung mehr Stärke als Schwäche. Der Grund: Wer in der Lage ist, Abbitte zu leisten, zeigt Selbstsicherheit und Selbstbewusstsein. Außerdem ist eine Entschuldigung immer auch ein Zeichen für: »Sie

Wichtig ist auch die Wahl des Übermittlungswegs, wenn Sie sich schriftlich entschuldigen wollen (→ Seite 97)

sind (du bist) mir wichtig. Ich lege Wert darauf, die Atmosphäre zwischen uns zu bereinigen, unser ungetrübtes Verhältnis wiederherzustellen.« Selbst wenn Sie solche oder ähnliche Sätze nicht aussprechen – was aber durchaus empfehlenswert ist –, schwingt dieser Tenor unterschwellig mit. Das wirkt sich positiv auf eine Beziehung aus, beruflich genauso wie privat.

Wichtig bei einer Entschuldigung ist, dass die betreffende Person die Ehrlichkeit des Bedauerns spürt. Unter anderem bedeutet das: Die Wortwahl muss der Schwere des »Vergehens« angepasst sein. Das trifft nach einem wirklich gravierenden Fehler oder einer schwerwiegenden Taktlosigkeit auf einen Satz wie: »Tja, dumm gelaufen, sorry!« nicht zu. Umgekehrt wirken übertriebene Floskeln, etwa »Sie sehen mich am Boden zerstört« oder »Ich bitte inständigst um Vergebung« in der Relation zu einem kleinen Ausrutscher eher aufgesetzt oder gar ironisch. Bei kleinen Alltagsmissgeschicken reicht in der Regel schon das Wort »Entschuldigung« oder ein kurzer Zusatz wie: »Tut mir Leid, Entschuldigung.« »Das war keine Absicht, Pardon!« »Oh entschuldigen Sie bitte, das wollte ich nicht.« Etwa dann, wenn Sie jemanden im Gedränge angerempelt haben, ihm auf den Fuß getreten sind oder ihm versehentlich die Tür vor der Nase zugeschlagen haben. Verschenken Sie dazu auch noch ein Lächeln, wird die Situation ohne die berühmten »Wenn-Blicke-töten-könnten-Blitze« gerettet sein.

TIPP

→ Warten Sie nicht zu lange mit einer Entschuldigung. Je zeitnaher zu einem Ausrutscher Sie Ihr Bedauern übermitteln, desto positiver ist der Effekt. Außerdem: Die Schwierigkeit der Wortwahl nimmt zu, wenn Sie zu lange warten. Unter Umständen muss dann eine Entschuldigung dafür, dass die Entschuldigung so spät kommt, vorangestellt werden – ein höchst ungeschickter »Doppel-Moppel«.

Fingerspitzengefühl ist gefragt – Krankenbesuch

Ein solcher Besuch bereitet vielen Menschen Unbehagen, besonders wenn er ins Krankenhaus führt. Doch sich davor zu drücken ist die schlechteste Lösung. Ein Krankenbesuch ist ein wichtiges Zeichen von Zuwendung und Wertschätzung – und die richtige Form zu finden braucht nur etwas Fingerspitzengefühl sowie Einfühlungsvermögen in die Situation des kranken Menschen. So steht vor allem anderen die Frage: »Was tut ihm gut?« Ein überfallartiger Besuch zur unpassenden Uhrzeit zählt bestimmt nicht dazu. Da es in Krankenhäusern kaum noch festgelegte Besuchszeiten gibt, ist dies die beste Empfehlung: Erkundigen Sie sich, ob ein Besuch überhaupt erwünscht ist, und wenn ja, zu welcher Uhrzeit er am besten passt. Können Sie das nicht direkt bei der oder dem Kranken erfragen, wenden Sie sich an Familienmitglieder oder andere Informierte. Dort können Sie gegebenenfalls auch direkt in Erfahrung bringen, ob beispielsweise ein Diätplan es verbietet, dass Sie Obst, Schokolade, andere Leckereien oder Getränke mitbringen. Denn auch Mitbringsel sollten – genau wie Gesprächsthemen! – bei einem Krankenbesuch mit Bedacht gewählt werden. Das gilt ebenso für nicht Essbares wie ein Buch. Ein besonders dicker Wälzer ist im Bett nicht unbedingt bequem zu lesen. Auch Kreuzworträtsel und Geduldsspiele sind – obwohl gute

Unangemeldete Besuche werden fast immer als Zumutung empfunden. Jeden Besuch also vorher bitte absprechen. Ausnahme: eine Übereinkunft wie »Du bist mir jederzeit ohne Vorabinfo willkommen«

TIPP

→ Wählen Sie als Blumengruß für Kranke keine weißen Lilien, Callas, Hortensien, Astern und Chrysanthemen – viele sehen darin »Todesblumen«! Aus dem gleichen Grund sollten Sie auch rein weiße gemischte Sträuße vermeiden.

Zeitvertreiber – nicht immer angebracht. All das hängt von der Bewegungsfähigkeit der oder des Kranken ab. Selbst bei Blumen, die sich als Freudenspender bei einem Krankenbesuch hervorragend anbieten, lohnt es sich, etwas nachzudenken.

Stark duftende Blumen sind genauso fehl am Platz wie Topfpflanzen (im Krankenhaus tabu). Am geeignetsten sind kleine Gestecke. Der Grund: Oft findet sich im Krankenhaus keine passende Vase für einen Strauß. Wenn es Ihr Budget erlaubt, können Sie selbstverständlich ein geeignetes Gefäß mitschenken oder – in vertrauten Beziehungen – für die Dauer des Aufenthalts bereitstellen. Eine leere Vase später aus dem Krankenhaus mit nach Hause zu nehmen ist kein Problem. Ein solches könnten Sie Abergläubischen allerdings bereiten, wenn Sie sie in diesen Gewissenskonflikt stürzen: noch ganz frische Blumen stehen zu lassen oder nach Hause zu transportieren. Ein alter Krankenhaus-Aberglaube besagt nämlich: Wer Blumen mitnimmt, kommt bald wieder. Bringen Sie deshalb möglichst in Erfahrung, wann die oder der Kranke entlassen wird. Schicken oder bringen Sie Blumen gegebenenfalls lieber einige Tage später direkt nach Hause.

Aberglauben: Sträuße mit 13 Stielen oder Blüten nur an Menschen verschenken, die nicht abergläubisch sind, also nie an Fremde

Eine der schwierigsten Situationen: Trauerfall

Menschen, die vom Tod eines Familienmitglieds oder einer anderen nahe stehenden Person betroffen sind, befinden sich in einem seelischen Ausnahmezustand. Details, die in den Augen Außenstehender unwichtig oder gar bedeutungslos erscheinen, sind für Trauernde deshalb oft sehr wichtig, was schnell zu Fehleinschätzungen und falschem Verhalten im Trauerfall führen kann. Dies beginnt bereits mit der Kleidung. Auch wenn es zu den bei uns üblichen Gepflogenheiten in anderen Kulturkreisen große Unterschiede gibt – in Indien ist zum Beispiel Weiß die Trauerfarbe –, gelten hier nach wie vor die überlieferten Traditionen. Wählen Sie deshalb zu einer Trauerfeier oder Beerdigung Ihre Kleidung so dunkel wie möglich. Wenn Sie nicht zu den engsten Verwandten der oder des Gestorbenen gehören, ist als Ersatz für schwarze Kleidung auch ganz dunkles Grau (Anthrazit) oder tiefstes Dunkelblau möglich. Der früher für Frauen zur Trauerkleidung obligatorische Hut ist heute kein Muss mehr. Auch für oder gegen den so genannten Witwenschleier wird nach persönlichem Gutdünken entschieden. Ebenso ist die Trauerzeit nur noch in wenigen, meist ländlichen Gegenden festgelegt. Wie lange jemand durch das Tragen schwarzer Kleidung seine Trauer für sein Umfeld deutlich machen möchte, ist eine individuelle Entscheidung. Auch die Gestaltung einer Beerdigung oder Trauerfeier hängt in weiten Teilen von persönlichen Wünschen ab. Oberstes Gebot für Trauergäste ist, solche zu respektieren. Beispiele: Wird in einer Todesanzeige die Bitte um eine Spende für karitative oder soziale Zwecke anstelle von Blumen und Kränzen veröffentlicht, sollte dieser Wunsch erfüllt werden. Wird darum gebeten, von Beileidsbezeigungen am Grab abzusehen, sollte das sonst übliche Handreichen nach einer Beisetzung unterbleiben.

So finden Sie die richtigen Worte

Viele Menschen haben im Trauerfall Schwierigkeiten, mündlich oder schriftlich die richtigen Worte zu

TIPP

→ Viele Trauergäste finden es taktlos, sich ohne einen Händedruck oder ein mitfühlendes Wort von den Hinterbliebenen zu entfernen, selbst dann, wenn das in der Todesanzeige so gewünscht wurde. Deshalb ist es keine Unhöflichkeit seitens der Angehörigen, den Friedhof sofort nach der Beisetzung zu verlassen, wenn sie sich der Beileidszeremonie nicht gewachsen fühlen.

finden. In einer persönlichen Begegnung oder nach der Beisetzung am Grab retten sich die meisten in die Standardformulierung »Mein Beileid«. Lediglich Zusätze wie »tiefes« oder »herzliches« fallen der Mehrzahl noch relativ leicht ein. Vermutlich ist es die Angst, etwas Falsches zu sagen, die andere Sätze verhindert. Doch wie viel persönlicher sind Aussagen wie: »Ich fühle mit Ihnen.« »Ich habe in den letzten Tagen (Stunden, Wochen) viel an Sie gedacht.« »Ich wünsche Ihnen viel Kraft in dieser schweren Zeit.« Selbst ein Bekenntnis: »Ich möchte Ihnen so gern etwas Tröstliches sagen, aber mir fehlen einfach die richtigen Worte«, spiegelt mehr ehrliche Anteilnahme wider als das floskelhafte »Mein Beileid«. Manchmal kann sogar ein stummer Händedruck oder eine Umarmung mehr sagen als viele Worte.

Anteilnahme schriftlich zu übermitteln fällt in der Regel auch nicht gerade leichter als die mündliche Formulierung. Deshalb greifen viele Menschen lieber zur vorgedruckten Karte, statt einen Kondolenzbrief zu schreiben. Diese Form kann aber niemals ein persönliches Beileidsschreiben ersetzen. Das sollte auch denen bewusst sein, die Formulierungsschwierigkeiten haben. Eine gute Hilfe: Bringen Sie stets Ihre Gefühle aufrichtig zum Ausdruck. »Über die Nachricht vom Tod Ihrer Frau bin ich zutiefst betroffen« beispielsweise, »Fassungslos stehen auch wir vor dem grausamen Schicksalsschlag, der Sie getroffen hat« oder »Die Nachricht vom Tod Ihres Mannes hat mich tief berührt« sind durchaus gebräuchliche Anfänge für einen Kondolenzbrief. Im Hauptteil können Sie auf gemeinsame Erlebnisse mit der oder dem Gestorbenen oder auf Erinnerungen an sie oder ihn eingehen. Die Würdigung der Person gehört unbedingt dazu. Wenn eben möglich, sollten Sie ein Hilfsangebot unterbreiten. Weitere wichtige Details für einen Kondolenzbrief: Er soll frei von leerem Geschwätz und übertriebenem Pathos sein und so schnell wie irgend möglich nach einer Todesnachricht verschickt werden. Traditionsgemäß wird

Die Grußformel: »Mit stillem Gruß« wirkt antiquiert. Besser: »In herzlicher Anteilnahme«, »Mit tiefem Mitgefühl«

er auf schlichtem weißem Papier mit der Hand geschrieben. Nur wenn Sie eine kaum zu entziffernde Handschrift haben, sollten Sie in Erwägung ziehen, einen privaten Kondolenzbrief ausnahmsweise mit dem PC zu schreiben. Besser ist aber, sich mit der Handschrift Mühe zu geben. Die Anrede und der Gruß werden auf jeden Fall handschriftlich eingesetzt. Das ist auch dann der Fall, wenn ein geschäftliches Kondolenzschreiben – etwa von Unternehmen zu Unternehmen – verschickt wird, das in der Regel nicht handschriftlich verfasst wird. Eine Kondolenz per E-Mail, SMS oder Fax zu versenden ist tabu (→ auch Seite 97). Auch mit dem Instrument Telefon sollten Sie in Trauerfällen sehr vorsichtig umgehen. Ein solches Gespräch kann allzu leicht als aufdringlich empfunden werden. Unter relativ Fremden gilt deshalb: Nur wenn die oder der Betroffene telefonisch die Nachricht von einem Todesfall übermittelt, ist eine Beileidsbekundung am Telefon angebracht.

GERÜCHT!

→ Die Meinung, ein Kondolenzbrief müsse auf schwarz umrändertem Papier geschrieben werden, ist nicht richtig. Der schwarze Rand bleibt der Todesanzeige oder den Briefen vorbehalten, die aus dem Trauerhaus verschickt werden.

Zur Rücksichtnahme auf Trauernde zählt auch, Kränze und Gestecke direkt zum Friedhof oder zum Beerdigungsinstitut schicken zu lassen. Denken Sie bitte daran, eine Karte dazuzulegen – auch, wenn Sie einen Kranz selbst zum Friedhof transportieren. Fehlt die Angabe, vom wem ein Blumengesteck stammt, bekommen die Familienangehörigen Probleme bei den späteren Danksagungen. Diese werden in der Regel gedruckt. Es ist eine sehr persönliche Geste, sie mit einigen individuellen Worten des Dankes handschriftlich zu erweitern. Wer mag, kann Dankesbriefe natürlich auch ganz mit der Hand schreiben. Üblich ist ebenfalls, Anzeigen in die Zeitung zu setzen.

3 Mit Brief und Siegel – so ist es in der Schriftform modern

→ Hat der »gute alte Brief« ausgedient? Wenn nein: Gibt es auch bei der Korrespondenz Neuigkeiten? Wie lauten moderne Adressen und Grüße? Brauchen E-Mails und SMS-Nachrichten überhaupt Umgangsformen-Regeln? Für welche Mitteilungen bieten sich die modernen Übermittlungswege an? Die Antworten auf all diese und viele weitere Fragen finden Sie im folgenden Kapitel.

Der gute alte **Brief** – von der Adresse bis zu den **Grüßen**

Das ABS-Mini-Quiz für Ihren persönlichen Schnell-Check zu den Themen Briefe, E-Mails, SMS, Visitenkarten:

1. DIE ADRESSE »Herrn Manfred Muster und Frau« gilt als die modernste und beste. ❑ richtig ❑ falsch
2. BEI BRIEFEN, die an eine Frau und an einen Mann gehen, wird immer die Frau an erster Stelle genannt. ❑ richtig ❑ falsch
3. ANREDE UND GRUSS sind in E-Mails grundsätzlich überflüssig. ❑ richtig ❑ falsch
4. PER SMS ODER E-MAIL zu kondolieren ist tabu. ❑ richtig ❑ falsch
5. ABKÜRZUNGEN SIND PRAKTISCH, sparen Zeit und sollten in jeder Art des Schriftverkehrs so oft wie möglich verwendet werden. ❑ richtig ❑ falsch
6. HANDSCHRIFTLICHE ZUSÄTZE gelten bei privaten Visitenkarten nicht als stillos. ❑ richtig ❑ falsch

Haben Sie etwas Zeit, die Antworten herauszufinden? Dann lesen Sie bitte das folgende Kapitel. Möchten Sie das Ergebnis lieber auf einen Blick? Schauen Sie einfach auf Seite 126 nach.

Die Brief-Verjüngungskur beginnt bei der Adresse

Dass Adressen wie »Herrn Gustav Altvater und Gemahlin« oder »… und Gattin« als überholt gelten, hat sich inzwischen halbwegs herumgesprochen. Anschriften mit dem Zusatz »… und Frau« sind hingegen noch oft zu sehen. Doch auch diese Form ist längst nicht mehr aktuell. Eine Frau hat einen Namen – und der gehört in eine Adresse. Es ist unhöflich, sie mit dem Zusatz »… und Frau« zum namenlosen Anhängsel zu degradieren. »Übertroffen« wird das jedoch noch von dieser Form: »Frau Manfred Schuster« – nun hat sie sogar den Vornamen des Mannes übergestülpt bekommen. Wenig Freude weckt auch die Anschrift »Herrn Thomas Fehr und Frau Andrea«. Die fehlende Nennung des Nachnamens wirkt abwertend und hat einen Beigeschmack von »Kummerkasten-Tante«: Fragen Sie Frau Irene. Up to date sind Sie bei Paar-Anschriften dagegen so:

- Beide Personen werden mit Vor- und Zunamen angeschrieben.
- Die international am weitesten verbreitete Form ist, den Mann an erster Stelle zu nennen. Beispiele: Herrn Frank Muster, Frau Silke Muster; Herrn und Frau Frank und Silke Muster.
- Besonders in Deutschland gilt es aber als höflicher, den Namen der Frau voranzustellen: Frau und Herrn Silke und Frank Muster; Frau Silke Muster (und) Herrn Frank Muster. Ob Sie ein »und« dazwischensetzen, ist reine Geschmackssache. Eine Umgangsformen-Regel gibt es dazu nicht.
- Trägt eine Person des Paares einen Doppelnamen oder hat sie einen (mehrere) akademischen Grad, eignet sich die getrennte Schreibweise besser. Bei Paaren, auch bei gleichgeschlechtlichen, die keinen gemeinsamen Familiennamen führen, ist die getrennte Form sowieso nötig. Beispiele: Frau Silke Muster-Beispiel, Herrn Frank Beispiel; Frau Dr. Silke Muster, Frau Dr. Sabine Beispiel; Herrn Dr. Frank Muster, Herrn

Dr. Olaf Beispiel. Diese Form empfiehlt sich auch für gleichgeschlechtliche Paare, die einen gemeinsamen Familiennamen gewählt haben.

→ Wenn Sie nur einen Vornamen kennen, ist dies die beste Lösung: Erfragen Sie den zweiten, etwa im Geschäftsleben vom Sekretariat. Gelingt es Ihnen nicht, den fehlenden Vornamen zu ermitteln, ist die Notlösung: Lassen Sie beide weg, also »Frau und Herrn Muster«.

→ Weitere Hinweise zu Titeln in Adressen finden Sie auf Seite 45.

Zwei andere alte »Adress-Zöpfe«, die abgeschnitten werden sollten, sind: »Eheleute Muster« und »Familie Frank Muster«. »Eheleute« ist ein leuchtendes Beispiel für Bürokratendeutsch. In der modernen Korrespondenz – geschäftlich wie privat – ist es fehl am Platz. Selbst Steuerberatungsbüros, Anwaltskanzleien und Ämter – dort hält sich das »Eheleute« hartnäckig – sind gut beraten, diese verzopfte Adresse abzuschaffen. Als Gegenargument wird oft das Briefgeheimnis angeführt. Es gilt zwar auch für »Ehegatten« (O-Ton Paragraf 202 StGB – bitte nicht als Anschrift verwenden!), wird aber auch durch die Nennung beider Namen klar definiert: Jede der genannten Personen darf den Brief öffnen – beide »Eheleute« also. Ähnlich ist das mit dem Begriff »Familie«. Er gibt jedem Familienmitglied das Recht, ein so adressiertes Schreiben

GERÜCHT!

→ Da viele Zusätze bei modernen Adressen wegfallen (→ nächster Abschnitt), taucht hie und da die Meinung auf, auch »Frau« und »Herrn« könne bei einer Anschrift »wegrationalisiert« werden. Es ist aber unhöflich, bei Erwachsenen auf diese Wörter zu verzichten. Fehlen sie, bedeutet das: Der Brief geht an ein Kind oder einen Teenager.

zu lesen. Allerdings ist unter »Familie Frank Muster« nun sogar der ganze »Clan« untergebuttert. Alle sind verschwunden und namenlos geworden, nicht nur die Frau. Kennen Sie die anderen Vornamen nicht, bietet sich als Notlösung »Familie Muster« an. Kompletter und moderner ist es aber, alle zu nennen. Beispiele: Frau und Herrn Silke und Frank Muster, Dominik und Yannik Muster; Frau Silke Muster, Herrn Frank Muster und Anna, Inken und Linus Muster.

»z. Hdn.« und andere überflüssige Zusätze

An die Firma
Großjohann GmbH & Co. KG
z. Hdn. Herrn Muster
(Straße, Ort)

Auch in geschäftlichen Anschriften gibt es viel Verstaubtes und Überflüssiges. Ein »Paradebeispiel« sehen Sie in der Randspalte links. »Ja und?«, werden Sie vermutlich jetzt denken, »das ist doch eine völlig übliche Geschäftsadresse, täglich wohl hunderttausendfach verschickt.« Damit haben Sie wahrscheinlich auch Recht. Und trotzdem: Vier überholte Details und ein Fehler in drei Zeilen.

So sind Sie bei Geschäftsadressen auf dem neuesten Stand

- Die Zusätze »An die …«, »An das …«, »An den …« sind antiquiert und überflüssig. Sie werden nicht einmal mehr für höchste Staatsämter verwendet. Wichtig: Bei männlichen Bezeichnungen auf den Akkusativ achten, obwohl »An den …« wegfällt. Also »Präsidenten«, »Vorsitzenden«, »Bevollmächtigten«.
- Auch bei Institutionen, Ämtern, Ministerien und anderem fallen die Zusätze – wie bei Personen – weg. Beispiele: Statt »An das Finanzamt München«, »An den Präsidenten des XY-Verbandes« nur »Finanzamt München«, »Präsidenten des XY-Verbandes«.

- Die Erwähnung »Firma« ist überflüssig, wenn aus dem Firmennamen bereits ersichtlich ist, dass es sich nicht um eine Privatperson handelt. Beispiele: alle Rechtsformen wie AG, KG, OHG und Bezeichnungen wie »Claudia Schulze, Floristengroßhandel«, »Franz Schlüter, Im- und Export«. Nur wenn die Gefahr der Verwechslung mit einer Privatperson besteht, soll »Firma« in der Adresse erscheinen: »Firma Franz Brünger«.
- »z. Hdn.« ist genauso überflüssig wie die bereits genannten Zusätze. Oder glauben Sie, jemand käme auf die Idee, einen Brief »z. F.« – zu Füßen – zu legen? Darüber hinaus ist z. Hdn. falsch. Wenn schon, müsste es z. H. oder z. Hd. abgekürzt werden.
- Auch zu einer zeitgemäßen Firmenadresse gehören Vor- und Zunamen der Empfangsperson. Tipp: Hat sich jemand am Telefon nur mit dem Nachnamen gemeldet, fragen Sie direkt nach dem Vornamen, wenn Sie Unterlagen verschicken wollen oder sollen.

3

GERÜCHT!

- Viele sind hiervon überzeugt: Wenn sie den Namen der Empfangsperson über den Firmennamen setzen, sei dies eine Garantie dafür, dass nur diese Person den Brief öffnen dürfe. Das ist aber lediglich ein »Höflichkeits-Recht«. Es wird zwar in vielen Firmen eingehalten, eine Rechtssicherheit dafür gibt es aber nicht. In entsprechenden Kommentaren zum Briefgeheimnis findet sich nämlich keine Aussage zur Reihenfolge der Namens- und Firmenbezeichnung. Es gibt nur eine eindeutige Auslegung: Der Zusatz »persönlich« als Empfängerverfügung bedeutet, dass niemand anders den Brief öffnen darf. Wo »persönlich« zu stehen hat, ist wiederum nicht dargestellt. Die übliche Praxis: Es wird unter den Namen gesetzt.

Zwischen »Hallo« und »Verehrteste« – Briefanreden heute

Bei schriftlichen Anreden gibt es ebenfalls viel Antiquiertes. So sind Briefanfänge mit »Verehrteste Frau …«, »Werter Kunde«, »Hochverehrter Herr …« und anderen Verehrungsfloskeln nicht mehr empfehlenswert. Auch das »Sehr verehrte gnädige Frau« passt nicht zu einem modernen Briefstil. Manch betagter Kavalier der alten Schule hat diese Anrede allerdings als besonders höflich verinnerlicht und stets verwendet. Selbstverständlich bleibt es ihm unbenommen, das bei seiner Privatpost auch weiter zu tun. Er sollte sich nur vorsichtshalber darauf einstellen, eventuell von jüngeren Frauen als »liebenswert altmodisch« bezeichnet zu werden.

Im privaten Bereich richten sich Briefanreden ausschließlich nach dem Vertrautheitsgrad. Wer meint, dass »Mein geliebtes Stachelschweinchen« richtig aufgefasst wird, braucht sich an keine Umgangsformen-Regel zu halten. Die gibt es allerdings zur Reihenfolge, wenn Sie einen Brief an ein Paar schreiben. Dann wird die Dame zuerst angeredet: »Liebe Frau Muster, lieber Herr Muster«. Bei gleichgeschlechtlichen Paaren nennen Sie entweder die Person zuerst, die Sie besser kennen, oder Sie halten sich an die alphabetische Reihenfolge der Vornamen: »Liebe Tina Muster, sehr geehrte Frau Lea Muster«, »Lieber Bert Beispiel, lieber Tim Beispiel«.

In Geschäftsbriefen wird nicht grundsätzlich die Frau als Erste angeschrieben. Auch bei der Anrede-Reihenfolge im Brief gilt dort die Hierarchie. Schreiben Sie beispielsweise an einen Chef und seine Assistentin, wird er zuerst genannt: »Sehr geehrter Herr Bossig, sehr geehrte Frau Klug«. Als gängigste geschäftliche Briefanrede hat sich seit vielen Jahren die »Sehr geehrte«-Form durchgesetzt. Die Anrede »Sehr veehrte/r …« wird höchstens noch von Unternehmen gewählt, die ganz bewusst auf ein äußerst konservatives Image Wert legen.

Moderne Briefanreden im Geschäftsbereich

- »Sehr geehrte/r ...« ist als Standardversion schon nicht mehr als modernste Form einzustufen. Die Anrede empfiehlt sich aber nach wie vor, wenn Sie konventionell erscheinen möchten.
- »Liebe/r ...« ist im Berufsleben nicht tabu, setzt aber eine engere und vertrautere Geschäftsbeziehung voraus.
- »Liebe Gisela Schmidt«, »Lieber Horst Lietzberg« ist ebenfalls eine nur unter gut Bekannten angebrachte Möglichkeit.
- »Guten Tag, Frau/Herr Muster« ist eine moderne Variante, die sich mehr und mehr durchsetzt. Auch regionale Grußformen wie »Grüß Gott, Herr Beispiel«, »Grüß Sie, Frau Muster« werden vermehrt verwendet. Überlegen Sie dabei erstens: Passt der regionale Gruß zur angeschriebenen Person oder zu mir? Zweitens: Welches Image möchte ich? Zu sehr konservativen Berufszweigen passt die Tagesgruß-Anrede nicht vorbehaltlos.
- »Guten Tag, Ina Muster« ist noch eine Spur unkonventioneller als die vorherige Version. Wählen Sie sie am besten nur, wenn Sie sich ein »locker-flockiges« Berufsimage leisten können und dann auch nur in vertrauten Geschäftsbeziehungen. Die Ausnahme: Für jugendliche Kundschaft, die noch nicht mit »Frau« oder »Herr« angeschrieben wird, ist diese Anrede bestens zu gebrauchen.
- »Hallo, Frau/Herr Muster« eignet sich nur in sehr vertrauten beruflichen Verbindungen, etwa im Kollegenkreis und unter jungen Menschen beziehungsweise an junge Menschen. Für Teenies und Kinder ist »Hallo Ina/Max« eine moderne und passende Form.
- Wenn Sie das leicht traditionell wirkende »Sehr geehrte/r ...« beibehalten wollen, es aber etwas langweilig finden oder es modernisieren möchten, haben Sie zwei Möglichkeiten: »Guten Morgen/Tag, sehr geehrte/r ...« Die Kombination von Tagesgruß und Standardanrede ist auch in konservativen Berufen heute eine gute Alternative. Eine sehr

moderne Form ist diese: Beziehen Sie die Anrede in den ersten Satz Ihres Briefes ein und verteilen Sie den Einstiegssatz über Betreff-, Anrede- und erste Briefzeile. Beispiel:
»Vielen Dank,
sehr geehrte/r Frau/Herr Muster,
für Ihre schnelle Reaktion auf meine Anfrage.«
Natürlich können Sie diesen »Eyecatcher-Einstieg« auch in der »Liebe/r …«-Version verwenden.

→ Wählen Sie die Sammelanrede »Sehr geehrte Damen, sehr geehrte Herren« nur, wenn Sie keine Ansprechperson herausfinden können. Lediglich an »Sehr geehrte Herren« zu schreiben, ist in den meisten Fällen heute ein Fauxpas. Die Ausnahme: Ihr Brief geht an einen Empfängerkreis, in dem sich mit Sicherheit keine Frau befindet.

Grüße: Warum es out ist, »ergebenst zu verbleiben«

»Für Ihre Anfrage bestens dankend und Ihrem geschätzten Auftrag erfreut entgegensehend verbleiben wir mit den ergebensten Grüßen Ihre Altvater KG.« Puh … Solche »Bandwurmgrüße« sind mehr als out. Schon ein nur halb so langer Briefabschluss fällt heute unter den Begriff »Bandwurm«. Außerdem wirken die Steigerungen übertrieben bis devot, die mehrfachen Verlaufsformen altbacken. Die erste Empfehlung für zeitgemäße Grüße lautet: Die Schlussformel wird nicht mit dem letzten Satz zu einer Endlosformulierung verknüpft, sondern sie steht allein. Außerdem soll sie zur Anrede passen. Lautet diese »Sehr geehrter Herr Dr. Wenigbekannt«, erfüllt »Herzlichst Ihr/e« diesen Anspruch nicht. Ebenso disharmonisch wirkt »Mein liebster Schatz« – »Mit freundlichen Grüßen«.

Ein modernes Pendant: »Vielen Dank für Ihre Anfrage. Wir freuen uns auf eine mögliche Zusammenarbeit. Für heute grüßt Sie freundlich Ihre Neumann KG«

Diese Standardformel ist nicht einmal mehr in Geschäftsbriefen uneingeschränkt empfehlenswert. Sie wird von vielen als langweilig, abgenutzt oder inzwischen gar als »recht konservativ« empfunden. Wählen Sie sie deshalb nur, wenn Sie traditionell erscheinen möchten.

TIPP

Moderne Grußvarianten

- Mit freundlichen (herzlichen) Grüßen nach München
- Ein schönes Wochenende wünscht Ihnen ...
- Für heute grüßt Sie (freundlich/herzlich)
- Bis dahin viele (herzliche) Grüße
- Mit (sommerlichen, herbstlichen, winterlichen, vorweihnachtlichen) Grüßen
- Aus einem sonnigen Köln grüßt Sie freundlich (herzlich)
- Einen guten Start in die neue Arbeitswoche! Das wünscht Ihnen ...

Diese – sehr unvollständige – Beispielaufzählung kann auch noch so ergänzt werden: Wählen Sie ein Adjektiv, das Ihr jeweiliges Gefühl zum Ausdruck bringt. Im Privatbereich ist das bereits seit langem Usus, etwa: mit liebevollen, mitfühlenden, besorgten Grüßen. Im geschäftlichen Briefverkehr ist diese Grußvariante hingegen noch ziemlich neu. Beispiele: Mit dankbaren, begeisterten, freudestrahlenden (Dankschreiben); reumütigen, hoffungsvollen (Entschuldigung); erwartungsvollen, gespannten (Erwartung einer Reaktion); bestürzten, sorgenvollen (nach trauriger Nachricht) Grüßen. Dabei ist aber eines wichtig: Das Adjektiv muss passen, und zwar dreifach – zu Ihnen, zum Briefinhalt und zu Ihrer Beziehung zur Empfangsperson.

Die E-Mail & Partner KG: Sind Briefregeln dann außer Kraft gesetzt?

Es ist ein Irrglaube, dass es bei einer E-Mail ja nicht so drauf ankommt. Viele meinen: Schnell mal was mailen – wozu sollte man da über Höflichkeit oder Umgangsformen-Regeln nachdenken? Schließlich ist eine E-Mail neben SMS die zurzeit schnellste Kommunikationsmöglichkeit. Da ist es doch wohl egal, wie eine solche Ruck-zuck-Botschaft formuliert und gestaltet ist. Wer so denkt, wird mit ziemlicher Sicherheit in viele E-Mail-Fettnäpfchen treten. Falsche Wortwahl oder Anrede; ungeschickte, vorschnelle oder gar kränkende Formulierungen; ein nachlässig aufgesetzter Text: Solche unüberlegten »Schnellschüsse« können die Empfängerin oder den Empfänger brüskieren. Zumindest stören sie die gute Kommunikation – ganz gleich, ob per Brief oder als E-Mail verschickt. Die Grundsatzempfehlung lautet daher: Wählen Sie für eine E-Mail den Stil, den die jeweilige Mitteilung auf einem anderen Übermittlungsweg haben würde. Auch die digitale Korrespondenz wirkt besser, wenn sie sich an die Grundregeln der Höflichkeit hält. Dazu zählt auch, regelmäßig den Posteingang zu sichten, wenn Sie Ihre E-Mail-Adresse bekannt geben.

Das 12-Punkte-E-Mail-ABS

1 ANREDE: Verzichten Sie bei einer E-Mail nicht auf die Anrede. Achten Sie auch hier, wie bei einem Brief, auf die korrekte Schreibweise und – falls vorhanden – akademische Grade und Titel. Wählen Sie die Form der Anrede, die Sie für die jeweilige Person auch im »guten alten Brief« verwenden würden. Beispiel: Einer relativ fremden

Geschäftspartnerin, die Sie im Brief mit »Sehr geehrte Frau Dr. Beispiel« anschreiben würden, mailen Sie nicht »Hallo Frau Beispiel«. Eine Anrede-Ausnahme: Wenn eine Arbeitsgruppe in ständigem E-Mail-Kontakt steht – etwa bei der Veränderung oder Korrektur eines gemeinsamen Projekts –, ist es nicht unhöflich, keine Anrede dazuzusetzen (→ auch Punkt 10, Grüße).

2 DUZEN ODER SIEZEN? Aus den Anfängen der elektronischen Kommunikation stammt die Gepflogenheit, jede Person einfach zu duzen. Das ist längst überholt. Auch hier gilt: Duzen Sie in einer E-Mail nur diejenigen, die Sie sonst in Schrift und Sprache auch duzen würden.

3 ABKÜRZUNGEN: So schnell eine E-Mail auch versendet werden kann: Nehmen Sie sich beim Verfassen die Zeit, Wörter auszuschreiben. Abkürzungen sind in keiner Form der Korrespondenz empfehlenswert (→ auch Seite 93). Besonders verpönt sind sie bei Grüßen und bei der Anrede. »SgDuH« – soll heißen: »Sehr geehrte Damen und Herren« – »ehrt« in einer E-Mail sicher niemanden der Angeschriebenen. Gleiches gilt für eine – nicht nur bei E-Mails – weit verbreitete Gruß-Unsitte: »MfG« – Mit freundlichen Grüßen. Wer sich nicht einmal die paar Sekunden Zeit nimmt, diese drei kleinen Wörter auszuschreiben, widerspricht dem Anspruch »Freundlichkeit«. Verzichten Sie deshalb auch in einer E-Mail besser auf dieses Kürzel.

4 GROSS-, KLEIN- UND RECHTSCHREIBUNG: Ein komplett in Kleinbuchstaben geschriebener Text ist sehr lese-unfreundlich. Wörter oder ganze Sätze in Großschreibung können – ähnlich wie bei einem Chat – als »Anschreien« empfunden werden. Verfassen Sie deshalb eine E-Mail wie jedes andere Schriftstück in »normaler« Schreibweise. Und: Achten Sie darauf, dass sie frei von Rechtschreibfehlern ist. Solche Patzer wirken auf andere – je nach Einstellung – zwischen »nachlässig« bis »dumm«.

5 BETREFF: Entgegen der modernen Geschäftsbrief-Gepflogenheit, das Wort »Betreff« nicht mehr vor die Zeile zu schreiben, erscheint es bei E-Mails, wird jedoch nicht wiederholt. Wichtig ist, dass Sie den Betreff so aussagekräftig wie möglich formulieren. So kann die oder der Angemailte schnell und individuell entscheiden, wie dringend oder wichtig die E-Mail für sie oder ihn ist. Höflichkeit bedeutet auch, Rücksicht auf das Zeitbudget anderer zu nehmen!

6 VERTEILERKREIS RICHTIG WÄHLEN. Aus dem gleichen Grund gilt es auch als unhöflich, alle möglichen Mitmenschen mit E-Mail-Informationen »zuzumüllen«, die für sie unwichtig sind. Rauben Sie anderen nicht die Zeit, indem Sie – es ist ja so herrlich bequem! – einen unnötig großen Verteilerkreis wählen.

Auch bei E-Mails:
Wer nachlässig mit der Zeit anderer umgeht, ist rücksichtslos

7 SMILEYS: In privaten E-Mails sind Smileys (Emoticons) witzige Beigaben zum Text. In offiziellen Geschäftsbriefen sind sie jedoch fehl am Platz. Im beruflichen Bereich können sie lediglich in vertrauten Geschäftsbeziehungen – etwa zwischen gut bekannten Kolleginnen – angebracht sein.

8 ANTWORTFRIST RICHTIG EINSCHÄTZEN. Im Betreff dringend eine umgehende Antwort zu erbitten, wenn dies nicht zwingend erforderlich ist – »Es ist halt nötig, den Menschen etwas Druck zu machen, damit man bald eine Antwort bekommt!« –, grenzt an Unverschämtheit. Außerdem: Wer so etwas mehrmals erlebt, wird sowieso nicht mehr prompt reagieren. Der Schuss kann also nach hinten losgehen. Bleiben Sie – nicht nur aus diesem Grund – bei der Darstellung der Dringlichkeit ehrlich. Und erwarten Sie bitte nicht automatisch, dass eine E-Mail deshalb, weil sie so schnell ankommt, auch innerhalb von wenigen Minuten beantwortet werden müsste. Es kann nun mal nicht jeder Mensch bei jeder eingehenden E-Mail alle anderen Arbeiten unterbrechen, um sofort zu reagieren. Die Antwortfrist richtet sich – wie bei Briefen, Faxen oder Telefonaten – nach der

Wichtigkeit des Inhalts einer E-Mail. Dass im Geschäftsleben ein guter (Kunden-)Service heute bedeutet, eine Reaktion muss so schnell wie möglich erfolgen, hat für jede schriftliche Kommunikation Bestand. Die Erwartung bei einer E-Mail: spätestens am nächsten Tag.

9 **ZWISCHENBESCHEID:** Verzögert sich eine Antwort – sei es durch Abwesenheit oder vorrangige Aufgaben –, ist es höflich, einen Zwischenbescheid zu mailen. Nutzen Sie dafür ruhig die bei vielen E-Mail-Programmen vorhandenen automatischen Kurzmitteilungen.

10 **GRÜSSE:** Ebenso wie eine höfliche E-Mail eine Anrede braucht (→ auch Punkt 1), gehört auch ein Gruß dazu. Wählen Sie ihn passend zu Ihrem (Firmen-)Image und zu Ihrer Beziehung zur jeweiligen Person. Beispiele finden Sie auf Seite 88.

11 **ANHANG/ANLAGEN:** Versenden Sie große Anlagen nur, wenn die Empfängerin oder der Empfänger sie wirklich braucht oder gewünscht hat. Es kann sehr ärgerlich sein, wenn ein E-Mail-Anschluss mit einer langen Übertragung unnötig lange blockiert ist.

12 **TABU UND ANLASS BEACHTEN:** Eine Kondolenz-E-Mail ist tabu. Hier ist und bleibt nach wie vor ein (möglichst handgeschriebener) Brief die optimale Wahl. Überlegen Sie auch bei anderen Anlässen, ob eine Übermittlung per E-Mail angebracht ist. (→ Seite 97)

a.s.a.p.: antworte schneller als prompt? – Vom Abkürzungsfimmel (nicht nur bei E-Mails)

Ob bei der »SMS-Kiddy-Sprache«, bei E-Mails (→ auch Seite 91), Faxen oder in Briefen: Abkürzungen, wohin das Auge blickt – viel zu oft im Übermaß. Bei aller Liebe zur Zeitersparnis sollte doch bedacht werden, dass nicht eindeutige Abkürzungen zu Missverständnissen führen können; zu viele Abkürzungen in einem Text den Lesefluss hemmen, und – was am wichtigsten ist: Es gilt als unhöflich, anderen

→ Verzichten Sie in Brief- und Fließtexten am besten ganz auf die »Aküsprache«. Die Ausnahme: Allgemein bekannte, buchstäblich gesprochene Kürzel wie BGB, OHG, KG, & Co., ARD und solche, die als selbstständige Wörter betrachtet werden wie UNESCO, brauchen Sie nicht zu vermeiden. Wer hätte schon Lust, sich in einem Text etwa zum Thema Fernsehen mehrmals durch »Arbeitsgemeinschaft der öffentlich-rechtlichen Rundfunkanstalten der Bundesrepublik Deutschland« zu kämpfen?

Abkürzungen zuzumuten, die sie nicht verstehen. Auch gebräuchliche Kürzel wie usw. oder z. B. sollten besser Tabellen und Ähnlichem vorbehalten bleiben.

Unter Höflichkeitsaspekten ist es besonders wichtig, keine ausländischen Abkürzungen zu verwenden. Gerade bei E-Mails tauchen solche häufig auf: TIA (Thanks in advance, vielen Dank im Voraus); FAQs (frequently asked Questions, häufig gestellte Fragen); BTW (by the way, übrigens); IMHO (in my humble/honest opinions, meiner bescheidenen/ehrlichen Meinung nach), um nur einige zu nennen. Die letzte Überschrift ist übrigens schlicht gelogen. a. s. a. p. bedeutet: as soon as possible – so schnell wie möglich. Diese Abkürzung im deutschsprachigen Raum für eine Einladung zu verwenden ist wenig rücksichtsvoll. Gibt sie doch unter Umständen der oder dem Lesenden ein unlösbares Rätsel auf. Gängige Einladungskürzel, die nicht als unhöflich gelten, finden Sie auf Seite 105 f.

SMS: Ein guter Weg für Geschäftspost?

Die Antwort ist ganz klar Nein. Für die offizielle Geschäftskorrespondenz eignen sich SMS schon aus Gründen der Kürze nicht. Durch die begrenzte Textmenge könnten Sie kaum geschäftsmäßig Anrede, Kernaussage und Grüße in höflicher Form übermitteln. Im vertrauten Kollegenkreis ist das natürlich anders. Doch selbst hier gilt: »Shorte« Infos sind nicht immer empfehlenswert, wenn sie wichtig oder termingebunden sind. Der Grund: mangelnde Sicherheit bei der Zustellung. Behalten Sie diesen Aspekt auch bei wichtigen privaten »shorten Grüßen« im Auge. Weitere wichtige Punkte zur SMS-Kommunikation sind:

- Unterbrechen Sie in einem Gespräch nicht den Blickkontakt, um eine eingegangene SMS zu lesen. Das wäre für Ihr Gegenüber das zwar nonverbale, aber dennoch deutliche Signal: Die SMS ist wichtiger als ich. Das weckt nur negative Empfindungen.
- Bedenken Sie diesen Punkt auch beim SMS-Schreiben. Da dies sehr viel länger dauert als das Lesen, verstärkt sich der Negativeffekt, wenn Sie mitten in einem Gespräch eine SMS verfassen.
- Schalten Sie die Piepstöne aus, wenn Sie in Gegenwart anderer Menschen »simsen«. Die meisten finden das Gepiepse störend, wenn nicht gar »nervig«.
- Verwenden Sie Abkürzungen, witzige Zeichnungen und SMS-Codes nur im vertrauten Familien-, Freundes- und Bekanntenkreis und wenn Sie wissen: Die angesimste Person versteht den Code. Es ist zumindest fraglich, ob jede und jeder weiß, dass beispielsweise @→→→ »eine Rose für dich« oder <&&> »Ich hab's nicht so gemeint« bedeutet.
- Beachten Sie alle Empfehlungen zu »Handy-Gebrauch« (→ Seite 64).

Fax: Gibt es auch bei diesem »Senior« etwas zu beachten?

Auch wenn ein Fax im Gegensatz zu einer E-Mail oder SMS nun wirklich inzwischen »uralt« ist, wird dieser Übermittlungsweg nach wie vor viel genutzt. Deshalb ist es durchaus angebracht, auch über »Fax-Höflichkeit« nachzudenken. Die Grundregeln zu Briefen gelten selbstverständlich auch hier. Die Erwartung, ein Fax ist fix da, also muss es auch genauso geschwind beantwortet werden, ist ebenso deplatziert wie bei einer E-Mail. Auch beim Faxen wissen Sie dank eines Sendeberichts lediglich, dass das »Gegengerät« durch Anwesenheit und korrekte Arbeit geglänzt hat. Er sagt aber nichts darüber aus, ob die angefaxte Person überhaupt zugegen ist, wann sie das Fax findet und ob sie vielleicht gerade in wichtigen Arbeitsabläufen steckt, die eine sofortige Antwort nicht zulassen. Deshalb gilt auch hier: Antwort nach Dringlichkeit. Ein Hinweis darauf kann bei einem Fax – genauso wie die gesamte Mitteilung – handgeschrieben sein. Vorausgesetzt, die oder der Absendende hat keine »Doktorschrift«, die kaum zu entziffern ist. Im Zuge von Kosten- und Zeitersparnis wird ein Dringlichkeitshinweis, ein kurzer Gruß oder eine zusätzliche Info oft einfach per Hand auf die (erste) Faxseite geschrieben. Das hat mit Unhöflichkeit nichts zu tun. Schließlich spart dadurch auch die Empfangsperson Papier, Toner und Zeit. Lediglich bei offiziellen Schreiben und Erstkontakten empfiehlt sich diese Form nicht. Das gilt ebenfalls für eine Antwort auf demselben Fax. Eine solche vereinfachte Art der Rückmeldung kann jedoch Arbeitsabläufe sehr vereinfachen. Bieten Sie deshalb diese Abwicklung ruhig von sich aus an. Wenn Sie dann auch genügend Platz für diesen Respons lassen, zeigen Sie sich besonders »mitdenkend« und höflich. Das ist auch der Fall, wenn Sie bei Informationen, die lange aufgehoben werden müssen, direkt mitteilen »Original folgt per Post«. Diejenigen, deren Fernkopierer mit Thermopapier arbeiten, werden es Ihnen danken. So ersparen Sie ihnen das sonst notwendige Umkopieren auf Normalpapier. Bei rechtsverbindlichen Erklärungen ist das Nachsenden des Originals ohnehin ein Muss, auch wenn Gerichte in Einzelfällen Telefaxe als rechtswirksam erklärt haben.

Humorvolle Fax-Cartoons können ein Lichtstrahl im grauen Arbeitsalltag sein. Sie eignen sich jedoch nur in vertrauten (Geschäfts-)Verbindungen

Im Nu verschickt – für lange verspielt: Wann die »Schneckenpost« die bessere Wahl ist

Die E-Mail, SMS- und Faxflut wächst ständig. Deshalb wird es immer wichtiger, bei bestimmten Gelegenheiten darüber nachzudenken, ob eine Nachricht auf einem dieser Wege angebracht ist. Für alle drei gilt: Eine Kondolenz auf solche Art zu übermitteln ist tabu. Nicht ganz so rigoros auszuschließen sind die »schnellen Medien« bei Einladungen, Glückwünschen, Entschuldigungen und anderen persönlichen Schreiben. Hier sollte in jedem speziellen Fall individuell über den optimalen Übermittlungsweg nachgedacht und entschieden werden. Das bedeutet für Einladungen: Zu offiziellen Feiern wie einem Festakt oder Geschäftsjubiläum, einer Hochzeit, einem groß gefeierten runden Geburtstag oder ähnlichen besonderen Veranstaltungen ist nach wie vor der traditionelle Postweg die bessere Wahl. Das gilt ebenso für Danksagungen nach solchen Festlichkeiten. Bei Glückwünschen bedenken Sie bitte, dass ein individuell formulierter – möglichst handgeschriebener! – Gratulationsbrief das Nonplusultra ist. Er signalisiert: Da hat sich jemand Zeit für mich genommen und sich Mühe gegeben, mir eine Freude zu bereiten. Gerade in unserer »Schnell-mal-eben-mailen-oder-simsen-

TIPP

→ Im geschäftlichen Umgang und in distanzierten Beziehungen bleiben Sie besser beim »guten alten Brief«. Das gilt ebenfalls für eine Entschuldigung. Auch hier hilft die Telefon-Vergleichsregel (→ Seite 98), die richtige Entscheidung zu treffen: relativ harmloser Lapsus – telefonische Entschuldigung, somit in vertrauten Beziehungen per SMS, E-Mail oder Fax kein Fauxpas; schwerwiegender Fehler – besser einen Brief schreiben.

Zeit« bekommt ein solches Zeichen wieder einen ganz besonderen Stellenwert. Außerdem: Viele Menschen – besonders ältere – sehen bei Nachrichten, die sie auf einem der modernen Übermittlungswege erreichen, nicht nur den praktischen Schnelligkeitsfaktor. »Aha, vergessen!« »So, so – zu bequem, um zum Briefkasten zu gehen!« »Na klar, zu faul einen richtigen Brief zu schreiben.« Solche Empfindungen werden häufig ausgelöst. Das ist auch bei Weihnachtsgrüßen der Fall. Auch sie sollten nicht gedankenlos per SMS, E-Mail oder Fax verschickt werden. Nur echte Fans dieser Medien werden sich über eine solche Nachricht wirklich freuen. Das ist bei Geburtstagsglückwünschen ebenso. Natürlich wird ein E-Mail-Freak von einer – vielleicht sogar tönenden oder anders liebevoll gestalteten – gemailten Gratulation begeistert sein. Wer Faxe liebt, hat auch Spaß an einem Glückwunsch, der aus dem Gerät gekrochen kommt. Und eine »SMS-Verrückte« wird vor Freude ganz aus dem Häuschen sein, wenn an ihrem Ehrentag alle paar Minuten – pling – die nächsten shorten guten Wünsche auf dem Display erscheinen. Kennen Sie jemanden als »Technik-Groupie«, können Sie einen solchen Übermittlungsweg problemlos wählen.

Die »Pi-mal-Daumen-Regel«: Alles, was telefonisch kein Fauxpas wäre, ist auch als E-Mail, SMS oder per Fax kein Tritt ins Fettnäpfchen

Visitenkarten – im Beruf ein Muss, privat ein Kann

Im Privatleben brauchen Sie Visitenkarten vorrangig, um neuen Bekannten das Aufschreiben von beispielsweise Adresse oder Telefonnummer zu ersparen. Etwa bei Urlaubsbekanntschaften. Solche Informationen könnten Sie natürlich auf irgendeinem Stück Papier übermitteln. Eleganter ist es aber, dafür eine Visitenkarte parat zu haben. Ihr privates Kärtchen muss nicht die gleichen Details wie eine Berufskarte aufweisen. Das Minimum-Beispiel, wenn Sie Ihre Privatsphäre erst nach reiflicher Überlegung offen legen wollen: Sie lassen lediglich Ihren Namen drucken. So können Sie jeweils neu entscheiden, wie viele weitere Informationen Sie preisgeben möchten. Brauchen Sie diese Schutzfunktion nicht, können Sie natürlich auch Ihre private Karte direkt mit allen Angaben versehen. Eine berufliche Visitenkarte sollte hingegen unbedingt folgende Grundelemente enthalten: Vor- und Zuname, gegebenenfalls Titel, Funktion, wenn nötig Abteilung, Geschäftsadresse mit Telefon-, (Handy-) und Faxnummer, E-Mail- und gegebenenfalls Internetadresse. Und diese Details bitte immer auf dem neuesten Stand! Im Gegensatz zu den privaten Gepflogenheiten wirkt es im Beruf nachlässig und unprofessionell, wenn Gedrucktes handschriftlich korrigiert oder ergänzt wird. Ob Sie private Angaben dazusetzen, was durchaus üblich ist, hängt von verschiedenen Faktoren ab.

Es gilt im privaten Bereich nicht als stillos, handschriftliche Details zu bereits gedruckten Angaben dazuzusetzen

Erstens: Möchten Sie das überhaupt? Schließlich müssen Sie dann einkalkulieren, auch in Ihrer Freizeit mit geschäftlichen Dingen konfrontiert zu werden. Zweitens: Ist dies seitens Ihrer Firma erwünscht beziehungsweise gestattet? Drittens: Passt das Design Ihrer beruflichen Karte auch zu Ihrem privaten Image? Wenn Sie nicht selbstständig sind, werden Sie auf die Gestaltung der Berufskarte nicht immer Einfluss nehmen können. In den meisten großen Firmen wird sie im Zuge des Corporate Design (→ Seite 101) im »Einheitslook« vorgegeben.

Kleines Visitenkarten-Einmaleins

1 **GRÖSSE:** Das am häufigsten verwendete Format hat das Scheckkartenmaß. Festgelegte Regeln dazu gibt es allerdings nicht. Es

ist jedoch empfehlenswert, ein Mindestmaß von 8,5 x 4,5 cm und eine Maximalgröße von 10 x 6 cm einzuhalten.

2 **BEIDSEITIG BEDRUCKTE KARTE:** Sie ist praktisch, wenn sehr viele oder unterschiedliche Informationen auf der Visitenkarte untergebracht werden sollen. Beispiel: zweisprachige Geschäftskarte, etwa eine Seite Deutsch, andere Englisch.

3 **DOPPELKARTE:** Eine gute Alternative zur doppelseitig bedruckten Karte.

4 **LEPORELLOKARTE:** Sie eignet sich vorrangig dann, wenn eine Visitenkarte gleichzeitig als Werbeträger genutzt werden soll. Als konservative Businesskarte eignet sich diese Form nicht.

5 **CD-VISITENKARTE:** Eine moderne Variante, sich und das Unternehmen vorzustellen. Diese Form hat ebenfalls gleichzeitig Werbefunktion und eignet sich somit vorrangig für Branchen, die nicht auf ein konservatives Image angewiesen sind.

6 **ÜBERGABE:** Die kommende Person überreicht bei Geschäftsbesuchen als Erste ihre Karte. Danach bekommt sie die Karte (n) des oder der Gastgebenden. Decken Sie sich im Berufsleben immer reichlich mit Visitenkarten ein. Es wirkt unprofessionell, wenn Sie sagen müssen: »Sorry, gerade habe ich meine letzte Karte abgegeben« oder: »Tut mir Leid, ich habe keine Visitenkarte dabei!«

7 **BLICKKONTAKT:** Schauen Sie Ihr Gegenüber beim Austausch der Visitenkarten an. Stecken Sie die angenommene Karte nicht direkt weg. Das würde Desinteresse signalisieren, was viele Menschen emotional nicht nur auf das Gedruckte, sondern auf sich beziehen.

8 **BRIEFERSATZ:** Zu einem solchen kann die Visitenkarte in bestimmten Fällen werden, etwa beim Verschicken telefonisch erbetener Unterlagen. Ein handschriftlicher Zusatz gibt dieser Kurzform den persönlichen Touch. Beispiele: »Wie gerade telefonisch besprochen. Es grüßt Sie freundlich …« »Leider wie immer sehr in Eile. Deshalb dieser kurze, aber herzliche Gruß von …«

Corporate Design: überflüssig oder empfehlenswert?

Auf jeden Fall Letzteres – und das nicht nur im Berufsleben. Dort ist der Begriff Corporate Design quasi als »Ableger« der Corporate Identity entstanden. Zu ihr zählt natürlich weit mehr, als sich über Drucksachen Gedanken zu machen. So gehört zum Beispiel das einheitliche Melden aller Belegschaftsmitglieder am Telefon dazu. Oft wird darauf geachtet, dass alle Geschäftsbriefe genau nach DIN-Regeln geschrieben werden. Darüber hinaus wird in den letzten Jahren verstärkt auf ein einheitliches Erscheinungsbild Wert gelegt, sei es bei Anzeigen oder anderen Werbeauftritten, bei Giveaways oder bei Verpackungen und Drucksachen. Wenn sie in Details wie Schriftbild, Farben, Gliederung, Platzierung des Logos und mehr übereinstimmen, wird erstens der Wiedererkennungseffekt gestärkt. Zweitens unterstützt ein Corporate Design das homogene Image. Deshalb ist es nicht nur für große Unternehmen empfehlenswert, auf die übereinstimmende Gestaltung von – zumindest – Drucksachen zu achten. Beziehen Sie in solche Überlegungen alle Schriftstücke ein, angefangen bei der Kurznotiz über Adressaufkleber, Lieferscheine, Rechnungen, Faxe bis hin zu Briefbogen, Visitenkarten und Einladungen. Auch bei privaten Drucksachen wirkt eine einheitliche Gestaltung wesentlich besser, als wenn beispielsweise Briefpapier und Visitenkarte aussehen, als kämen sie von verschiedenen Personen.

3

TIPP

→ Kreieren Sie für besondere private Anlässe ein »Einladungs-Corporate-Design«. Zum Beispiel so: Sie gestalten die Einladungskarten, die Menü- und Tischkarten sowie die späteren Danksagungen im aufeinander abgestimmten Look. Eine mögliche Erweiterung: Sie stimmen auch die Tischdekoration darauf ab, etwa mit Serviettenringen, Tischbändern, Kerzenschmuck.

Einladungen – so zeigen Sie sich von Ihrer besten Seite

4

→ Ob Sie in der Gast- oder Gastgeberrolle sind: Bei Einladungen gilt es, so manches Detail zu beachten, wenn Sie der »Gegenseite« Freude bereiten und Verdruss ersparen möchten. Außerdem gibt es wie auf allen Gebieten der modernen Umgangsformen auch hier Neuerungen – Tischsitten eingeschlossen. In diesem Kapitel finden Sie dazu viele Tipps und hilfreiche Hinweise.

Wir laden ein –

Gastfreundschaft zwischen Tradition und Moderne

Das ABS-Mini-Quiz für Ihren persönlichen Schnell-Check zu den Themen Einladung und Gastgeberpflichten:

1 ES IST UNWICHTIG, ob die Gäste bereits mit der Einladung erfahren, ob sie mit Essen bewirtet werden oder nicht. ❑ richtig ❑ falsch

2 DAS ENDE EINER VERANSTALTUNG schon in der Einladung bekannt zu geben ist in jedem Fall unhöflich. ❑ richtig ❑ falsch

3 FÜR DAS SERVIEREN eines mehrgängigen Menüs werden am Tisch pro Gast 60 bis 80 Zentimeter Platz benötigt. ❑ richtig ❑ falsch

4 ES ZÄHLT ZU MODERNEN GASTGEBERPFLICHTEN, immer alkoholfreie Getränke parat zu haben, selbst bei einem Sektempfang. ❑ richtig ❑ falsch

5 ES IST NICHT NÖTIG, sich als Einladende Gedanken darüber zu machen, ob ein Gast bestimmte Speisen nicht essen mag oder kann. ❑ richtig ❑ falsch

Haben Sie etwas Zeit, die Antworten herauszufinden? Dann lesen Sie bitte das folgende Kapitel. Möchten Sie das Ergebnis lieber auf einen Blick? Schauen Sie einfach auf Seite 126 nach.

Die Einladung: Was will uns der Dichter damit sagen?

Ganz gleich, auf welchem Weg Sie einladen (→ Seite 97): Geben Sie Ihren Gästen genaue Informationen, damit keine Missverständnisse entstehen. Beispiel: »Ach, kommen Sie doch am nächsten Freitag so um acht. Dann können wir den Abend mit einem gemütlichen Plausch verbringen.« Eine solche Aussage wird die Gäste mit ziemlicher Sicherheit dazu animieren, mit vollem Magen zu erscheinen. Hat die oder der Einladende jedoch ein Essen geplant und liebevoll vorbereitet, kann das die Gäste in arge Bedrängnis bringen – der umgekehrte Fall natürlich ebenso. Daher sollte Ihre Einladung folgende Grundelemente enthalten:

- das Datum mit Uhrzeit, gegebenenfalls Dauer
- der Ort, für Ortsunkundige mit genauer Adresse und Telefonnummer
- wer einlädt und welches der Anlass ist
- ob Begleitpersonen willkommen sind oder die Einladung für eine Person gilt
- die Bewirtungsform
- bis wann um Antwort gebeten wird
- gegebenenfalls Kleidungshinweis

Mit Ihrer Zeitformulierung geben Sie Ihren Gästen den Wink, ob Pünktlichkeit angesagt ist oder ob sie mit ihrem Erscheinen Spielraum haben. »Um … Uhr« bedeutet: bitte pünktlich, etwa zu einer Essenseinladung. »Ab … Uhr« signalisiert: Ein späteres Kommen ist, ohne unhöflich zu sein, möglich. »Von … bis … Uhr« lässt Ihren Gästen die Möglichkeit, innerhalb dieser Zeitspanne zu kommen und zu gehen, wie es ihnen am besten passt. Diese »Von … bis«-Formulierung wird hauptsächlich für Empfänge gewählt, ist aber auch für andere Tagesveranstaltungen wie eine Cocktailparty oder einen Festakt üblich. Bei

Letzterem und anderen sehr offiziellen Veranstaltungen werden oft weitere – aus dem Lateinischen stammende – Zeitzusätze verwendet (→ Randspalte), die in privaten Einladungen kaum auftauchen. Üblich, privat wie geschäftlich, ist das Kürzel »U. A. w. g.« – Um Antwort wird gebeten. Dies ist nicht unhöflich, da für Einladungen gebräuchlich. Haben Sie jedoch Platz genug, ist ein kompletter Satz oft die bessere, weil verbindlichere Lösung. Beispiele: »Bitte sagt uns bis zum … Bescheid, ob wir mit euch rechnen dürfen. Telefon (01 23) 45 67 89.« »Bitte schicken Sie uns die Antwortkarte bis

s.t. – sine tempore = wörtlich: ohne Zeit, also pünktlich; c.t. – cum tempore = wörtlich: mit Zeit, also Verspätung (etwa eine Viertelstunde) möglich

TIPP

Legere Kleidung erwünscht

→ Geben Sie Ihren Gästen in der Einladung einen Kleidungshinweis. Besonders dann, wenn Ihre Vorstellung vom Dresscode zu Ihrer Veranstaltung von allgemein üblichen Gepflogenheiten abweicht. Beispiel: Sie laden zu einem Empfang anlässlich Ihres runden Geburtstags ein und wünschen sich dazu legere Kleidung. Überlieferte Ausdrücke für einen solchen Kleidungsvermerk gibt es allerdings nicht. Die traditionellen beschränken sich auf »Tagesanzug« – heute oft »Business-Anzug« oder »Business-Kleidung« genannt, »schwarzer Anzug«, »Smoking«, »Frack«. Ausdrücke wie »leger« oder »zwanglos« sagen so wenig aus, dass sie für Ihre Gäste kaum hilfreich, eher sogar verunsichernd sind. Formulieren Sie deshalb ruhig konkret. Beispiele: »Im Jeanslook, Herren ohne Krawatte.« »Vergesst den Business-Dress, Freizeitkleidung erwünscht.«

zum … an die Adresse: Falkstraße 14, 33602 Bielefeld.« »Geben Sie uns bitte bis zum … per Fax (01 23) 45 67 89 oder E-Mail: fest.iw.oktober@t-online.de Bescheid, ob Sie an der Veranstaltung teilnehmen werden.« Den von Ihnen gewünschten Antwortweg sollten Sie auch dann veröffentlichen, wenn Sie das »U. A. w. g.«-Kürzel verwenden. Die gleichbedeutende französische Abkürzung »R. s. v. p.« – »Repondez s'il vous plaît« – ist in Deutschland nur noch selten zu sehen. Sie wird vorrangig in Diplomatenkreisen gewählt.

Unabhängig von den inhaltlichen Details Ihrer Einladung bedenken Sie bitte immer dies: Sie ist der erste Eindruck, den Ihre Gäste von Ihrer Veranstaltung bekommen. Deshalb ist es sinnvoll, sich über die Gestaltung ein paar Gedanken zu machen. Welches Image möchten Sie für das Ereignis? Rustikal, elegant, konservativ, modern, familiär, offiziell? Passen Sie sowohl den Übermittlungsweg (→ Seite 97) als auch die Aufmachung dem von Ihnen gewünschten Veranstaltungsstil an. Beispiel: Für eine hochoffiziell gefeierte Hochzeit eignen sich gedruckte Einladungen mit Antwortkarten hervorragend. Dieses »Outfit« für eine zwanglose Fete im Freundeskreis zu wählen würde vermutlich Verwunderung bis Spöttelei hervorrufen. Übrigens: Selbst kreierte und in Eigenregie hergestellte Einladungskarten können bei bestimmten Anlässen das Tüpfelchen auf dem i sein (→ Seite 101, Corporate Design).

Gastgeberpflichten: So werden sie zu Freuden

Wenn Sie zu Hause Gäste bewirten möchten, gilt der bekannte Satz: Gut geplant ist halb gewonnen. So vermeiden Sie erstens, sich selbst unter Druck zu setzen. Zweitens können Sie Ihren Gästen dadurch eine angenehme Atmosphäre bieten, weil Sie nicht hektisch »herumwuseln«, sondern entspannt und gelöst Ihre Gastgeberpflichten erfüllen. Besonders wichtig ist gute Planung, wenn Sie zu einem Menü einladen wollen. Dabei kann es besser sein, auf einen Gang zu verzichten, statt sich unter »Kochdruck« zu setzen. Ihre Gäste würden sich mit großer Wahrscheinlichkeit sehr unwohl fühlen, wenn Sie sich während des Essens mehr in der Küche als am Tisch aufhalten würden. Wenn es Ihr Budget zulässt, holen Sie sich professionelle Hilfe für die Gästebewirtung. Bei Partyservice- und Catering-Firmen können Sie von Besteck, Geschirr, Gläsern, Tischwäsche und mehr über die Anlieferung von Speisen und Getränken bis hin zum Zeltaufbau im Garten und Komplettservice – der Kochen und Servieren einschließt – alles ordern, was das Gastgeberdasein erleichtert.

Bedenken Sie bei Ihren Vorüberlegungen bitte auch: Wenn Sie zu einem aufwändigen Menü einladen wollen, brauchen Sie genügend Platz am Tisch – pro Gast 60 bis 80 Zentimeter für das Gedeck. Je nach Art und Anzahl der Speisen benötigen Sie dann auch Geschirr, Gläser und Besteck in genügender Anzahl. Der Grund: Moderne Gastlichkeit schließt ein, den Gästen einen Standard wie in der guten Gastronomie zu bieten. Frühere Vereinfachungen wie »Behaltet doch bitte das Besteck für alle weiteren Speisen« sind megaout. Total in sind hingegen diese Gastgeberqualitäten:

- Begrüßen Sie Ihre Gäste am Eingang. Machen Sie sie mit anderen Anwesenden bekannt, wenn das notwendig ist. Bei einem großen Gästekreis reicht es, wenn Sie dies partiell tun.
- Wenn Sie eine Tischordnung aufstellen, denken Sie bitte hieran: Das frühere Muss, Ehepaare getrennt zu setzen, hat sich zu einer »Kannbestimmung« gewandelt. In der wachsenden Singlegesellschaft muss auch nicht mehr paarweise platziert werden. Wichtigstes Kriterium ist heute, dass sich alle Gäste gut unterhalten können. An einer Tafel gelten als Ehrenplätze die rechts von der Hausfrau und dem Hausherrn, bei Singles die rechts und links neben ihnen.
- Laden Sie als »zweigeschlechtliches« Paar ein, ist dies die traditionelle Rollenverteilung: Die Gastgeberin signalisiert den Essensbeginn durch

das Ergreifen des Bestecks. Der Gastgeber gibt die Auflassung zum Trinken, indem er zum Weinglas greift. Das ist auch heute so üblich. Wie – oder ob überhaupt – diese »Arbeitsteilung« unter gleichgeschlechtlichen Paaren stattfindet, ist individuelle Entscheidung. Die weiteren Pflichten waren früher so verteilt: Die Hausfrau hatte beim Essen die Regie zu führen und der Hausherr war für die Getränke verantwortlich. Ob das noch in ein »Paar-Konzept« passt, kann keine Umgangsformen-Regel festlegen. Auch hier entscheidet heute bei privaten Einladungen jedes Paar selbst, wer für was zuständig ist.

→ Als Single übernehmen Sie einfach beide Parts bei Tisch: Essensbeginn-Signal und zuprosten. Sollten Sie sich mit der Erfüllung beider Rollen zu sehr belastet fühlen, können Sie sich natürlich Hilfe holen. Dafür allerdings eine »andersgeschlechtliche« Person bitten zu müssen – wie es noch vor gar nicht langer Zeit empfohlen wurde – ist Schnee von gestern.

→ Halten Sie immer alkoholfreie Getränke, auf jeden Fall zumindest Mineralwasser, für Ihre Gäste bereit. Selbst wenn Sie zu einem Sekt- oder Champagner-Empfang bitten, gehört das zu den modernen Gastgeberpflichten. Ebenso zählt dazu, Rücksicht zu nehmen bei Lebensmittel-Unverträglichkeiten, auf Menschen, die sich vegetarisch oder veganisch ernähren, sowie auf glaubensbedingte Ablehnungen von Speisen. Im kleinen privaten Kreis können Sie sich vorher erkundigen, ob jemand mit bestimmten Lebensmitteln ein Problem hat. Bewirten Sie Fremde, bietet sich ein Büffet an, auf dem auch Vegetarisches bereitsteht. Laden Sie Gäste in der Gastronomie zu einem vorbestellten Menü ein, sprechen Sie mit den dort Zuständigen bereits bei der Bestellung über mögliche Austauschgerichte.

→ Nehmen Sie ein »Danke, nein« seitens eines Gastes ohne weiteres Nachbohren (»Warum denn?«) oder Insistieren (»Aber ein wenig könnten Sie doch ruhig probieren!«) entgegen. Das gilt für Alkoholisches wie für Speisen.

Verzweifelt gesucht – der perfekte Gast

Das ABS-Mini-Quiz für Ihren persönlichen Schnell-Check zum Verhalten als Gast:

1. ES IST IN DER HEUTIGEN ZEIT nicht mehr üblich, zu einer Einladung ein kleines Gastgeschenk mitzubringen. ❏ richtig ❏ falsch
2. EINEM MANN Blumen zu schenken ist auch heute noch ein Fauxpas. ❏ richtig ❏ falsch
3. ENTHÄLT EINE EINLADUNG EINEN BEKLEIDUNGSVERMERK, sollten Gäste ihn unbedingt als bindend ansehen. ❏ richtig ❏ falsch
4. ZU SPÄT EINZUTREFFEN gilt als unhöflich, eher zu kommen hingegen nicht. ❏ richtig ❏ falsch
5. EIN GAST VERHÄLT SICH HÖFLICH, wenn er den Gastgebenden »Guten Appetit« wünscht. ❏ richtig ❏ falsch

4

Haben Sie etwas Zeit? Dann lesen Sie bitte das folgende Kapitel. Wenn nicht, schauen Sie einfach auf Seite 126 nach.

Ehe Sie sich auf die Socken machen: Was schon vorher wichtig ist

Ob Einladende Sie als den perfekten Gast empfinden, beginnt nicht erst mit Ihrem Klingeln an der Haustür. Schon lange vorher können Sie sich als solcher darstellen oder ins Fettnäpfchen treten, nämlich mit Ihrer Reaktion auf eine Einladung. Es ist unhöflich, zu spät zu antworten. Die Steigerungsmöglichkeit ist, gar nichts von sich hören zu lassen. Besonders Organisierende von großen Veranstaltungen können ein Lied davon singen, wie oft so etwas passiert. Ob privat oder geschäftlich, gut bekannt oder relativ fremd, Riesenveranstaltung oder kleiner Kreis – grundsätzlich gilt: Der höfliche Gast meldet sich bis spätestens zur angegebenen Antwortfrist und wählt dafür den Weg, den sich Einladende wünschen (→ Seite 105). Der nächste Punkt, der vor dem Erscheinen geklärt werden sollte: Was bringe ich mit? Es ist eine alte, aber unverändert gültige Tradition, für die Einladung mit einer kleinen Aufmerksamkeit zu danken. Größere Präsente sind nur angebracht, wenn es sich um einen Geschenkanlass wie Geburtstag, Hochzeit, Jubiläum oder Ähnliches handelt. Müssen es als Gastgeschenk nun immer Blumen sein? Keineswegs, auch andere Mitbringsel sind gut geeignet. Wichtig ist hier – wie bei allen Präsenten: Sie sollen mit Blick auf den Geschmack der oder des Beschenkten gewählt werden. Kennen Sie also beispielsweise ein Hobby oder bestimmte Vorlieben von Gastgebenden, werden Sie Freude bereiten, wenn Sie etwas Entsprechendes auswählen. Bei relativ Fremden kommen nur »neutrale« Aufmerksamkeiten in Frage, etwa ein »edler Tropfen«, Konfiserie-Artikel, Bücher (Bildbände, Chroniken) oder dann eben doch ein Blumenstrauß. Bei einer privaten Einladung im kleinen Kreis können Sie die Blumen ruhig mitbringen, ohne Gastgebenden damit Stress zu bereiten. Bei größeren Veranstaltungen hingegen kann das schnell der Fall sein. Deshalb ist es oft besser, den Strauß – mit Begleitbrief oder -karte – vorab zu schicken.

Früher galt es als Fauxpas, einem Mann Blumen zu schenken. Das ist überholt

Vor dem Überreichen – mit den Stielen nach unten – werden Sträuße in Deutschland ausgepackt. Die Ausnahme: Sie sind in durchsichtige Folie gewickelt. Im Zuge steigenden Umweltbewusstseins wird allerdings

TIPP

→ Lassen Sie Sträuße in eine (Krepp-)Papiermanschette einwickeln, die nur die Stiele umschließt. Sie wird beim Überreichen drumgelassen, weil die Blüten – das »Gesicht« des Straußes – sichtbar sind. Doch bitte Vorsicht: Bei Minus-Temperaturen brauchen empfindliche Blumen (mehrere Lagen) Papier als Schutz.

wieder verstärkt auf das »gute alte Blumenpapier« zurückgegriffen.

Und noch ein Punkt, den Sie bereits durchdacht haben sollten, ehe Sie das Haus verlassen: Was ziehe ich an? Finden Sie in der Einladung einen Kleidungshinweis (→ auch Seite 105), betrachten Sie diesen bitte als bindend. Den Wünschen der Einladenden hinsichtlich des äußeren Rahmens nicht zu entsprechen ist sehr unhöflich. Dazu kommt: Wird eine solche Bitte nicht respektiert, empfinden die meisten Menschen das nicht nur als Missachtung ihrer Veranstaltung, sondern ihrer Person. Ist als Bekleidungsvermerk zum Beispiel »Smoking« angegeben, hat ein höflicher Mann drei Möglichkeiten: Absagen, wenn er keinen anziehen möchte; sich einen kaufen oder ihn leihen, falls er keinen besitzt, aber hingehen möchte.

So kommen Sie nicht nur bei der Ankunft gut an – zwischen Eintreffen und Aufbruch

Wer ein gern gesehener Gast sein möchte, wird seine Wegezeiten sorgfältig planen, damit er pünktlich eintrifft. Bei einer Einladung zum Essen, die lautet »Wir laden um … Uhr ein«, bedeutet das: Er erscheint tatsächlich »auf den Punkt« – sprich: Gongschlag. Zu früh zu kommen gilt als gleich großer Fauxpas, wie zu spät einzutreffen. Handelt es sich um eine »Von … bis«-Einladung, können Sie – rein theoretisch – innerhalb dieser Zeitspanne kommen und gehen, wann Sie möchten. Praktisch betrachtet würde aber eine kurze Stippvisite von wenigen Minuten das Gefühl vermitteln: Diese Veranstaltung ist mir herzlich schnuppe. Kalkulieren Sie deshalb lieber eine Mindestverweildauer von einer halben, besser einer Stunde ein. (Weitere Pünktlichkeitsangaben → Seite 104). Respektieren Sie bitte eine angegebene Schlusszeit immer, indem Sie spätestens dann gehen. Was der perfekte Gast selbstverständlich außerdem weiß und beachtet:

- Er lässt seinen Hund oder ein anderes Haustier daheim oder im Auto, statt Gastgebenden durch eine »tierische Überraschung« Unannehmlichkeiten zu bereiten.
- Er bringt auch keine weiteren Gäste mit, die nicht ausdrücklich eingeladen waren.
- Er rennt nicht mit ausgestreckter Hand auf die Gastgeberin oder den Gastgeber zu, sondern weiß, dass diese das Recht zum Reichen der Hand haben.
- Er schaltet sein Handy zumindest stumm und telefoniert nicht im Beisein anderer, schon gar nicht am Tisch.
- Er respektiert Nichtraucher-Haushalte oder -Räume und verzichtet gegebenenfalls auf seine »Qualmeritis«.
- Er betrachtet alle Zimmer außer dem Gästebereich – Wohn- und Esszimmer sowie (Gäste-)Toilette – als Tabuzonen, die er nur nach ausdrücklicher Aufforderung seitens der Gastgebenden betritt.
- Er setzt sich nicht eher, bis ihm ein Platz angeboten wird.
- Er wartet mit dem Essen und Trinken, bis die Einladenden das Signal dazu geben.
- Er sagt nicht »Guten Appetit« – und schon gar nicht »Maaaahlzeit«.
- Er drängelt nicht am (kalten) Büfett und lädt sich den Teller nicht so voll, als hätte er tagelang nichts zu essen bekommen. Er geht stattdessen mehrmals zum Büfett und nimmt jeweils nur von einem Gang.
- Er wird nicht zum »Kennen-Sie-den?-Dauerwitzler«, sondern trägt zur Unterhaltung mit angenehmem Small Talk bei (→ Seite 50).

Und last but not least noch der richtige Abschied. Der perfekte Gast hat ein Gespür dafür, wann der richtige Zeitpunkt zum Gehen gekommen ist. Weder ignoriert er sämtliche diskreten Hinweise seitens der Gastgebenden – »Ach, wenn ich doch morgen nur nicht so früh aufstehen müsste« –, noch steht er fünf Minuten nach dem Verzehr des Desserts auf, um zu gehen. Letzteres ist die – wenn auch nonverbale – Botschaft: »Ich bin lediglich zu Ihnen gekommen, um gut zu essen und satt zu werden. Mehr Interesse habe ich an Ihnen nicht.« Festgelegte Zeiten, wie lange ein Besuch dauern sollte, kann es natürlich nicht geben. (Ausnahme: die »Von … bis«-Angabe.) Als Pi-mal-Daumen-Regel gilt: Bei einer Einladung zum Kaffee oder Tee sind zwei bis zweieinhalb Stunden Verweildauer angemessen. Nach einem Abendessen sollten Sie mindestens noch eine Stunde bleiben. Danach achten Sie dann bitte nicht nur auf deutliche, sondern auch auf versteckte Signale seitens der Gastgebenden.

Aufbruch-Signal: Zu später Stunde wird ein Kaffee (Cappuccino, Espresso) angeboten. Das bedeutet: bitte austrinken – und tschüss!

4

Tischsitten heute: Wie viel Tradition ist inzwischen unter den Tisch gefallen?

Das ABS-Mini-Quiz für Ihren persönlichen Schnell-Check zum Thema Tischsitten:

1 LIEGT DAS BESTECK gekreuzt auf dem Teller, bedeutet das: Ich bin mit dem Essen fertig. ❑ richtig ❑ falsch

2 **DIE SERVIETTE** wird während einer Essensunterbrechung auf dem Stuhl abgelegt. ❏ richtig ❏ falsch

3 **BRÖTCHEN** werden bei jeder Mahlzeit immer durchgeschnitten, mit Butter bestrichen und dann wird davon abgebissen. ❏ richtig ❏ falsch

4 **KARTOFFELN UND SPARGEL** zu schneiden ist heute kein Tischsitten-Patzer mehr. ❏ richtig ❏ falsch

5 **SCHALEN- UND KRUSTENTIERE** gehören zu den typischen Fingergerichten. ❏ richtig ❏ falsch

Haben Sie etwas Zeit, die Antworten herauszufinden? Dann lesen Sie bitte das folgende Kapitel. Sonst schauen Sie einfach auf Seite 126 nach.

Voll ins Messer gelaufen: Besteckfehler & Co.

Um die in der Überschrift vor dem Minitest gestellte Frage direkt zu beantworten: Im Vergleich zu den anderen Gebieten der Umgangsformen gibt es bei den Tischsitten weniger Modernisierung. Es wird – geradezu gegenläufig – sogar wieder verstärkt Wert auf Traditionelles gelegt. Dazu gehört der richtige Umgang mit dem Besteck. Die alte Regel »Einmal vom Tisch aufgenommene Besteckteile sollen nicht wieder mit ihm beziehungsweise dem Tischtuch in Berührung kommen« ist nach wie vor aktuell. Das bedeutet: Bei einer Essenspause werden Messer und Gabel nicht rechts und links schräg an den Tellerrand gelehnt und mit den Griffen auf dem Tisch abgestützt. Das nonverbale »Pausenzeichen« für die Servicekräfte sieht so aus: Das Besteck wird mit den Spitzen zur Mitte des Tellers zeigend gekreuzt auf ihm abgelegt. Das Signal »Ich bin fertig mit diesem Gang (dem Essen)« senden Sie, indem Sie das Besteck parallel zwischen »halb fünf bis fünf

Uhr« ablegen – wenn Sie sich den Teller als Uhr vorstellen (→ Zeichnungen Seite 117).

Ist für ein mehrgängiges Menü entsprechend viel »Esswerkzeug« eingedeckt, werden die Besteckteile immer von außen nach innen benutzt.

Messer und Gabel sollen nicht wie Bleistifte oder Mistforken angefasst werden. Wird eine Speise auf einem Unterteller serviert, legen Sie auf ihm die entsprechend benutzten Besteckteile ab (→ Zeichnungen Seiten 116 und 117). Beispiel: Sie bekommen einen Krabbensalat im Glas, das auf einem kleinen Teller steht, dazu Gabel und Löffel. Diese »stehen« dann zum Schluss nicht im Glas, sondern werden auf dem Teller untergebracht. Weitere häufige Tischsitten-Probleme sind:

– **DIE SERVIETTE** wird gar nicht oder falsch benutzt. Sie um den Hals zu knoten gilt in Deutschland als stillos. Die Ausnahme: Ein Krebsessen, falls die eigentlich dazugehörenden Lätzchen fehlen. Auch Sicherheits-

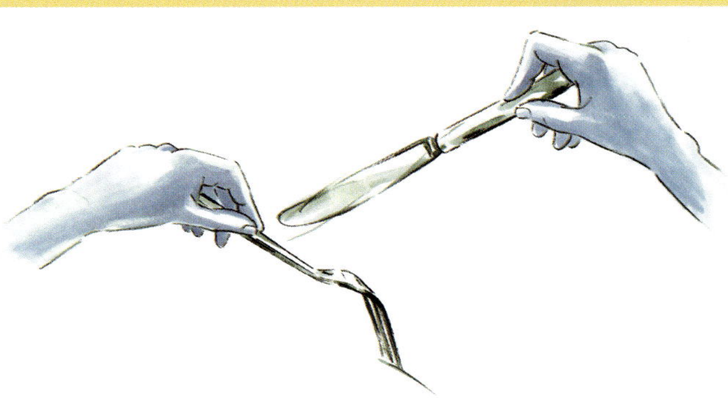

Messer und Gabel – so ist es richtig

Der »Kraftmeier-Griff«

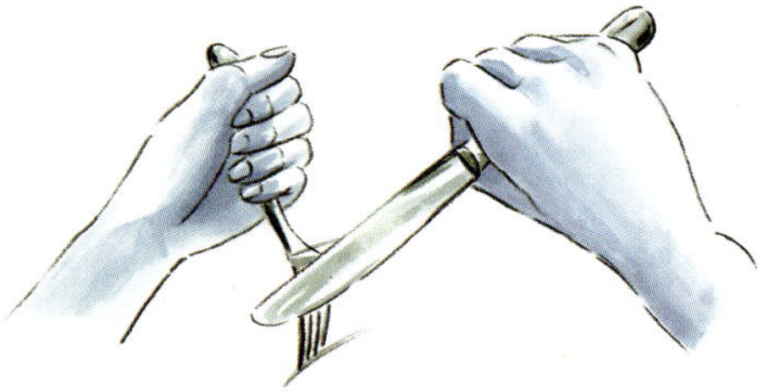

Der »Mistforken-Griff«

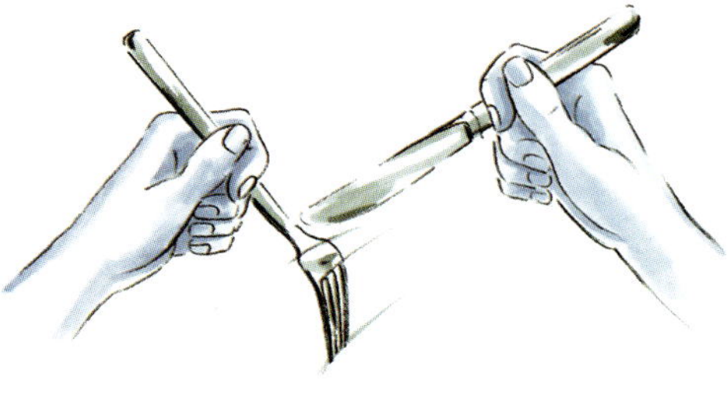

Der »Bleistift-Griff«

Ablegen des Bestecks auf einem Unterteller – so ist es richtig

So bitte nicht

»Pausenzeichen«

»Ich bin fertig«

Variante mit Gourmetlöffel

maßnahmen wie das Fixieren eines Zipfels an der Krawatte – »Haben Sie Ihre Krawattenklammer extra dafür angeschafft?« – oder das Befestigen der Serviette an einem Kettchen – »Kommen Sie gerade vom Zahnarzt?« sind unelegant. Die Serviette wird – einmal eingeschlagen – auf den Schoß gelegt. Ihr »Zwischenparkplatz« (bei Verlassen des Tisches im Verlauf eines Essens) ist nicht auf dem Stuhl – das ist USA-Sitte –, sondern locker zusammengelegt links neben dem Gedeck. Dort findet sie auch nach Beendigung des Essens ihren Platz, ganz gleich, ob aus Stoff oder Papier.

Am Tisch einen Zahnstocher zu benutzen ist tabu – auch hinter vorgehaltener Hand oder Serviette

– **DIE LIPPEN** werden nicht mit der Serviette abgetupft, ehe zum (Wein-)Glas gegriffen wird. Dies zu tun ist aber empfehlenswert, um unschöne (Fett-)Spuren am Glasrand zu vermeiden.

– **GLÄSER, DIE EINEN STIEL HABEN,** werden am Kelch gegriffen. Dadurch wird aber die Temperatur des Getränks, etwa bei Weißwein, viel zu schnell erhöht. Außerdem klingen Gläser dann beim Anstoßen nicht. Deshalb ist die alte Regel »Ein Glas mit Stiel wird an diesem angefasst« immer noch aktuell. Die Ausnahme: Cognacschwenker.

– **BROT UND BRÖTCHEN** werden mittags und abends wie das Frühstücksbrötchen behandelt: durchschneiden, mit Butter bestreichen und abbeißen. Als Beigabe zum Lunch oder Dinner soll Brot jedoch auf traditionelle Art gebrochen werden. Wenden Sie dazu die »Bröckchen-Flöckchen-Technik« an: Brechen Sie ein Bröckchen vom Brot oder Brötchen ab, transportieren Sie mit dem entsprechenden Messer ein Flöckchen Butter darauf und verzehren Sie diesen Bissen. Und dann geht's wieder von vorne los: Bröckchen abbrechen, Flöckchen darauf, essen …

– **BROT WIRD ALS SCHIEBER GENUTZT** oder in die Sauce getunkt. Im Gegensatz zu anderen Ländern wird dies in Deutschland immer noch nicht als gute Tischsitte angesehen. Verzichten Sie deshalb zumindest in allen offiziellen Situationen darauf.

– KARTOFFELN und/oder anderes wie Gemüse wird durch die Gabelzinken zu einem »Einheitsbrei« gequetscht. Und wenn Sie es noch so lecker finden: Verzichten Sie außerhalb Ihrer vier Wände besser darauf. Das »große Musen« auf dem Teller ist verpönt.

– DIE ELLENBOGEN werden auf den Tisch gestützt oder ein Arm wird »schützend« ums Gedeck gelegt. Letzteres zieht automatisch dies nach sich: Der Oberkörper neigt sich weit über den Teller. Gute Haltung bei Tisch bedeutet: Die Speisen werden zum Mund geführt – nicht umgekehrt. Also bitte aufrecht sitzen und eine eventuell freie Hand nur bis zum Handgelenk auf den Tisch legen.

Selbstverständlich gilt auch bei Tischsitten: Sie können ereignis- und personengerecht unterschiedlich praktiziert werden. Beispiel: Sie sitzen mit Ihrer Familie beim »Italiener um die Ecke«. Dann wird es Ihnen sicher nicht übel genommen, wenn Sie ein Stückchen Brot in die Sauce tunken. Ein italienischer Koch mag das vielleicht sogar als Kompliment an seine Kochkünste werten. Doch immer wenn Sie mit Fremden zusammen essen und bei offiziellen Anlässen, sollten Sie die traditionellen Formen anwenden. Besonders nach einer Aussage wie »Lassen Sie uns doch die letzten Einzelheiten des Vertrags bei einem zwanglosen Abendessen besprechen. Und bringen Sie bitte auch gerne Ihren Partner (Ihre Partnerin) mit. Sie sind beide herzlich eingeladen« erinnern Sie sich bitte am besten blitzschnell an die Details der

GERÜCHT!

→ Es besagt: Hat einem Gast das Essen nicht geschmeckt, soll er das Besteck auf »fünf vor halb sechs« ablegen, war er mit der Qualität zufrieden, auf »fünf nach halb sieben« – oder umgekehrt. Beides ist Unsinn!

formellen Tischsitten. Denn hinter einer solchen »lockeren« Einladung verbirgt sich ein so genanntes Testessen. Bei Auswahlverfahren zur Besetzung einer Stelle werden sie verstärkt eingesetzt – nicht nur im mittleren und gehobenen Management. Motto: Wer korrekte Tischmanieren zeigt, hat bestimmt auch andere gute Umgangsformen von zu Hause mitbekommen. Das Benehmen bei Tisch wird also als Gradmesser für die gesamte »gute Kinderstube« gesehen. Dazu kommt, dass in einer Restaurant-Situation das Sozialverhalten besser zu erkennen ist als in der Büroatmosphäre bei einem Bewerbungsgespräch. Bei einem solchen Testessen werden Sie meistens nicht damit rechnen müssen, Hummer serviert zu bekommen. Das Wissen, wie bestimmte Speisen gegessen werden, ist jedoch unerlässlich.

Routiniert bis in die Fingerspitzen – vom Amuse-Gueule bis zum Dessert

»Aber das habe ich doch gar nicht bestellt!?« Wer Restaurant-Fachverstand beweisen will, verkneift sich diesen Satz, wenn ein Amuse-Gueule serviert wird. Der »kleine Gruß aus der Küche« – auch Amuse-Bouche genannt – ist als Gaumenkitzler und Zeitüberbrücker gedacht. Er wird in guten Restaurants unabhängig von Ihrer Bestellung vorab serviert. Ist dazu ein Besteckteil nötig, wird es mit der kleinen Leckerei gebracht. Fehlt es, wird der Appetithappen einfach mit den Fingern gegessen. Eine Fingerschale – auch Fingerbowl genannt – ist dazu allerdings nicht üblich. Obligatorisch ist diese zu allen typischen Fingergerichten.

Artischocken, Langusten und Hummer sind – genau genommen – »Halbfingergerichte«. Haben Sie bei einer Artischocke Runde für Runde (von außen nach innen) die Blätter abgezupft, wird der Artischockenboden mit Besteck gegessen. Ist das ungenießbare »Heu« nicht bereits in der Küche entfernt, heben Sie es vorher ab. Bei Langusten und Hummer werden die Schwänze mit Messer und Gabel verzehrt. Die kleinen Beinchen und die Hummerscheren – Langusten haben keine – können hingegen nicht anders als mithilfe der Finger gegessen werden. Außerdem bekommen Sie dafür »Hilfswerkzeuge«. Erstens die lange, schlanke Hummergabel. Mit der ziehen Sie das Hummerfleisch aus den Scheren und Beinchen. Sind Letztere so dünn, dass selbst die Hummergabel nicht hineinpasst, werden sie einfach ausgesaugt. Als zweites Spezialteil gibt es die einem Nussknacker ähnliche Hummerzange zum Brechen des Panzers. In der Gastronomie werden Sie sie allerdings selten brauchen. Dort wird Ihnen die »Aufknack-Arbeit« meistens in der Küche abgenommen.

Die Fingerschale kommt immer dann zum Einsatz, wenn Sie mit den fingertauglichen Teilen fertig sind und ehe Sie zum Besteck greifen. Nachdem Sie sich die Finger in dem Wasser – meist mit einer Zitronenscheibe darin – gesäubert haben, trocknen Sie sie an der Serviette ab, die an dem Schälchen liegt. Auch für das Krebsessen gibt es ein Spezialbesteckteil: das Krebsmesser. Es dient erstens zum Aufschlitzen des Panzers, falls das mit den Fingern allein nicht klappt. Zweitens hat es ein kleines Loch, durch das Sie die Scheren und Beinchen schieben können, um deren Panzer zu brechen.

TIPP

Fingergerichte auf einen Blick

- Artischocken
- Spareribs
- Wachteln
- Austern (sofern nicht überbacken)
- (Mies-)Muscheln (dito)
- Schalen- und Krustentiere, wenn nicht ausgelöst (Krabben, Garnelen – auch Langostinos, Gambas, Schrimps, Scampi, (King-)Prawns oder sonst wie benannt –, Langusten und Hummer)

Die große Schlürfausnahme: Austern

Was sonst verpönt ist, gehört zum Austernessen dazu: Die »Edelmuschel« wird an den Mund genommen und ausgeschlürft. Wobei der Austernprofi dies sehr geräuscharm schafft. Wird die Auster nicht bereits abgelöst serviert, trennen Sie das Fleisch am so genannten Austernpunkt oder Bart mit der scharfen Seite der Austerngabel von der Schale ab. Den Austernbrecher – ein kurzes, stumpfes Messer mit kräftigem Stiel – werden Sie in der Gastronomie nur selten zu Gesicht bekommen. Dort werden Austern in der Regel bereits aufgebrochen serviert. Bei einem Muschelessen brauchen Sie kein Spezialbesteck. Hier wird ein Schalenpaar der Pfahl- oder Miesmuschel zur natürlichen Zange. Allenfalls ziehen Sie aus dem ersten »Duo« das Muschelfleisch mit einer Gabel heraus.

Die große Stippausnahme: Schnecken

Schnecken zählen zwar nicht zu den Fingergerichten, bieten aber diese – sonst unerwünschte – Möglichkeit: Stippen Sie das Brot nach Herzenslust in die kleinen Vertiefungen eines Schneckentellers. Da anders nicht an die flüssige Kräuter- oder Knoblauchbutter heranzukommen ist, wird das Broteintunken hier von Gourmets toleriert. Bekommen Sie die Schnecken im Gehäuse serviert – was allerdings in der Gastronomie seltener wird –, brauchen Sie Spezialbesteck: Mit der Schneckenzange fassen Sie das Schneckenhaus, kippen die flüssige Butter in den dafür vorgesehenen Löffel und ziehen das Fleisch mit der kleinen zweizinkigen Gabel heraus.

Halbwahrheiten und Schneideverbote

Da die typischen Fingergerichte bereits abgehandelt sind, fragen Sie sich vielleicht: »Und wo bleibt der Hähnchenschenkel?« Viele zählen ihn nämlich dazu. Doch das ist nur eine »Halbwahrheit«. Lediglich im

Bierzelt oder Biergarten, auf Volksfesten und in speziellen Hähnchenbratereien ist es kein Tischsitten-Patzer, einen Hähnchenschenkel aus der Hand zu essen. Als solcher würde diese lockere Methode allerdings in Restaurants gewertet. Das gilt für einige alte Essregeln hingegen nicht mehr. Überholt sind frühere Schneideverbote. Sie galten für Kartoffeln, Spargel, Gemüse ganz allgemein, Eier und Salat. Der Grund dafür war: Kamen die nicht anlaufgeschützten Messerklingen mit bestimmten Säuren in Verbindung, liefen sie sofort hässlich blauschwarz an. Da dies bei modernem Besteck nicht mehr passiert – und somit auch die Gefahr einer Geschmacksbeeinträchtigung gebannt ist –, können alle diese Speisen seit vielen Jahren ohne Fettnäpfchen-Gefahr geschnitten werden. Spaghetti mit dem Messer in Mininudeln zu zerteilen gilt hingegen bei Nudelfans immer noch als »Barbarei«. Der Nudelprofi tut's den Italienern gleich und wickelt Spaghetti mit der Gabel am Tellerrand zu einem kleinen Knäuel. In Deutschland ist es jedoch auch üblich, zum Wickeln einen großen Löffel zu Hilfe zu nehmen.

Alles, was problemlos ohne »Messerschnitt« zerteilt werden kann, wird nur mit der Gabel gegessen

Besonders zu Fischgerichten wird in guten Restaurants häufig ein Gourmetlöffel serviert. Sie können ihn als Ersatz für ein Fischmesser oder als zusätzliches »Werkzeug« nutzen. Wollen Sie einen ganzen Fisch selbst filetieren, gehen Sie am besten so vor: Entfernen Sie zuerst die Rücken- und Bauchflossen. Wollen

TIPP

→ Wenn Sie ein Gericht mit viel Sauce genießen möchten, zerteilen Sie besser die Kartoffel weiterhin mit der Gabel. Der Grund: Eine glatte Schnittfläche würde keine Sauce aufnehmen und Quetschen ist, wie bereits erwähnt, auch heute noch verpönt. In Restaurants der gehobenen Klasse lohnt sich die Frage nach einem Gourmetlöffel.

Sie die Haut nicht mitessen, fahren Sie mit dem Fischmesser oder dem Gourmetlöffel unter ihr an der oberen Fischhälfte entlang. Heben Sie die Haut ab und legen Sie sie auf den Grätenteller. Nun können Sie entweder die Filets direkt von den Gräten essen oder sie von der Mittelgräte weg nach außen schieben, um anschließend das gesamte Grätenskelett abheben zu können. Eine weitere Möglichkeit: Sie drehen den Fisch um, wenn Sie die oberen Filets gegessen haben.

Fleisch essen – endlich mal was Leichtes!

Wirklich wahr: Auch dabei gibt es »Asse«, die Patzer einbauen.

– **DER »KRAFTMEIER-GRIFF«:** Manche scheinen zum Fleischschneiden einen enormen Kraftaufwand zu brauchen. Sie legen die Zeigefinger so tief auf die Besteckteile, dass der eine fast auf der Gabelwölbung, der andere am Anfang der Messerklinge liegt. Die elegantere Lösung: Die Griffe werden weiter oben angefasst.

– **DER »GERÄUSCH-PRODUZENT«:** Etliche kratzen mit dem Messer so intensiv auf dem Teller herum, dass anderen am Tisch das Geräusch unangenehm in den Ohren klingt. Das Messer ist jedoch weder »Kratzer« noch »Schieber«, sondern nur zum Schneiden da.

– **DER »SAUBERKEITS-WAHN«:** Zu viel Sauberkeit ist auch daneben: Jemand zieht die Messerklinge vom Anfang bis zur Spitze am Rand eines abgeschnittenen Fleischstücks entlang – etwa auch noch mit jeder Klingenseite –, ehe er das Stück in den Mund schiebt. Solche »Messerputzaktionen« sollten bei keiner Speise stattfinden.

– **DER »GABELDREHER«:** Die Gabel wird mit der Wölbung nach unten ins Fleisch gesteckt statt, wie bei uns üblich, umgekehrt. Die »ganz feine alte Art«, sie dann bei jedem Bissen erst umzudrehen, ehe sie zum Mund geführt wird, ist allerdings heute kein Muss mehr.

Einen ähnlichen »Besteckdreher« gibt es beim Suppenlöffel. Ihn mit der Breitseite zum Mund zu führen ist britische Art. In Deutschland nehmen wir die Suppe von der Löffelspitze. Schlürfen und Kaltpusten zählen nach wie vor zu den Tischsitten-Fehlern. Das gilt für das leichte Ankippen eines Suppentellers oder einer Suppentasse entgegen alten Regeln heute nicht mehr. So kann der letzte Rest besser herausgelöffelt werden. Auch ist es kein Patzer, aus sehr kleinen Suppentassen – etwa Kaffeetassengröße – den Rest zu trinken. Doch bitte Achtung: eventuelle Einlage erst herauslöffeln – Kleckergefahr! Diese sahen früher oft Linkshänderinnen und Linkshänder auch bei anderen Speisen, wenn von ihnen verlangt wurde, Besteck wie die Rechtshändigen zu gebrauchen. Das ist zum Glück überholt. Beispiel für die »Lieblingshand-Nutzung« des Bestecks beim Dessert: Wie zu allen Speisen decken Restaurantfachleute auch das Dessertbesteck für rechtshändige Menschen ein: die Gabel mit dem Griff nach links, den Löffel darüber mit demselben nach rechts. Der Löffel kommt für Rechtshändige also in die »Lieblingshand«, die Gabel nach links. Somit ist der Löffel das Hauptbesteckteil, das Linkshändige natürlich auch beim Nachtisch – wie bei anderen Gängen – einfach umwechseln, wenn sie möchten. Diese Verteilung des Dessertbestecks ist aber nur praktisch, wenn eine Nachspeise vorrangig mit dem Löffel essbar ist, wie Eis, Tiramisu, Mousse au Chocolat oder Crêpe Suzette. Bei Kuchenstückchen ist es zweckmäßiger, die kleine Gabel in die »Lieblingshand« zu nehmen und sie so zum »Hauptwerkzeug« zu machen. Wenn es praktisch ist – beispielsweise bei gemischten Desserttellern –, gilt ein Umwechseln der Besteckteile während des Essens nicht als »banausenhaft«. Das ist ebenso, wenn Ihnen in einem gehobenen Restaurant ein Gourmetlöffel zum Dessert gereicht wird. Natürlich gibt es Nachtischsorten, für die Sie nur einen kleinen Löffel brauchen. Dann lassen Sie die Gabel einfach unbenutzt. Etwa bei Pudding und Kompott. Solche Nachspeisen finden Sie allerdings mehr in der »gutbürgerlichen« Küche. In einem solchen Lokal wird in der Regel auch nur ein kleiner Löffel gedeckt oder mit dem Nachtisch gebracht.

Auflösungen zu den ABS-Mini-Quiz

Seite 21
1. richtig, 2. falsch, 3. falsch, 4. richtig, 5. falsch.

Seite 31
1. falsch, 2. richtig, 3. falsch, 4. falsch, 5. falsch, 6. richtig.

Seite 38
1. falsch, 2. richtig, 3. richtig, 4. falsch, 5. falsch, 6. falsch.

Seite 55
1. falsch, 2. richtig, 3. falsch, 4. richtig, 5. falsch.

Seite 66
1. richtig, 2. falsch, 3. falsch, 4. richtig, 5. falsch, 6. falsch.

Seite 81
1. falsch, 2. falsch, 3. falsch, 4. richtig, 5. falsch, 6. richtig.

Seite 103
1. falsch, 2. falsch, 3. richtig, 4. richtig, 5. falsch.

Seite 109
1. falsch, 2. falsch, 3. richtig, 4. falsch, 5. falsch.

Seite 113
1. falsch, 2. falsch, 3. falsch, 4. richtig, 5. richtig.

Adressen, die weiterhelfen

Inge Wolff
Sie erreichen Inge Wolff per Post: Falkstraße 14, 33602 Bielefeld
per Fax: (05 21) 9 67 00 83
per E-Mail: inge.wolff.umgangsformen@t-online.de

Internet-Adressen, die weiterhelfen:

Arbeitskreis Umgangsformen International:
www.arbeitskreis-umgangsformen-international.de

Umgangsformen-Akademie Deutschlands e.V.:
www.umgangsformen-akademie.de

Inge Wolff-Seminare:
www.umgangsformenseminare-inge-wolff.de

Bücher, die weiterhelfen

Bei Gräfe und Unzer erschienen
Bonneau, Elisabeth: Mini-Knigge

Bonneau Elisabeth: Erfolgsfaktor Small Talk

Ebel, Andreas: Musterbriefe

Rupprecht-Stroell, Birgit: Job-Knigge

Rupprecht-Stroell, Birgit: Auslands-Knigge

Zu Gesprächsführung und Kommunikation
Gordon, Thomas: Familienkonferenz. Wilhelm Heyne Verlag

Gordon, Thomas: Managerkonferenz. Wilhelm Heyne Verlag

Molcho, Samy: Körpersprache. Goldmann Verlag

Molcho, Samy: Körpersprache im Beruf. Goldmann Verlag

Molcho, Samy: Partnerschaft und Körpersprache. Goldmann Verlag

Schulz von Thun, Friedemann: Miteinander reden (1–3). Rowohlt Taschenbuchverlag

Weisbach, Christian-Rainer: Professionelle Gesprächsführung. Deutscher Taschenbuch Verlag

Weitere Bücher der Autorin
Umgangsformen – ein moderner Knigge. Bassermann Verlag

Umgangsformen heute. Goldmann Verlag

Der richtige Stil für Brief & E-Mail. Tosa Verlag

Die schönsten Ideen rund um die Taufe. Urania Verlag

Register

Programmleitung
Steffen Haselbach
Leitende Redaktion
Anita Zellner
Redaktion
Kathrin Buck/Nina Pohlmann
Lektorat
Andreas Kobschätzky

Titelfotos
Getty Images
Umschlaggestaltung
independent Medien-Design
Innenlayout
independent Medien-Design
Claudia Fillmann
Illustrationen
Heidemarie Vignati

Herstellung
Bettina Häfele
Satz und Repro
Uhl + Massopust, Aalen
Druck und Bindung
Kaufmann, Lahr

Umwelthinweis
Dieses Buch wurde auf chlorfrei gebleichtem Papier gedruckt. Um Rohstoffe zu sparen, haben wir auf Folienverpackung verzichtet.

ISBN 3-7742-6343-4
Auflage 5. 4. 3. 2. 1.
Jahr 08 07 06 05 04

Wichtige Hinweise

Die Beiträge in diesem Buch sind sorgfältig recherchiert und entsprechen dem aktuellen Stand. Abweichungen, beispielsweise durch seit Drucklegung geänderte Preise, Gebühren, Anlageentwicklungen, WWW-Adressen etc, sind nicht auszuschließen.
Weder Autor noch Verlag können für eventuelle Nachteile oder Schäden, die aus den im Buch gegebenen praktischen Hinweisen resultieren, eine Haftung übernehmen.

Das Original mit Garantie

Ihre Meinung ist uns wichtig.

Deshalb möchten wir Ihre Kritik, gerne aber auch Ihr Lob erfahren. Um als führender Ratgeberverlag für Sie noch besser zu werden. Darum: Schreiben Sie uns! Wir freuen uns auf Ihre Post und wünschen Ihnen viel Spaß mit Ihrem GU-Ratgeber.

Unsere Garantie: Sollte ein GU-Ratgeber einmal einen Fehler enthalten, schicken Sie uns das Buch mit einem kleinen Hinweis und der Quittung innerhalb von sechs Monaten nach dem Kauf zurück. Wir tauschen Ihnen den GU-Ratgeber gegen einen anderen zum gleichen oder einem ähnlichen Thema um.

GRÄFE UND UNZER VERLAG
Redaktion Leben & Lernen
Postfach 86 03 25
81630 München
Fax: 089/41981-113
E-Mail: leserservice@graefe-und-unzer.de

GRÄFE UND UNZER
Ein Unternehmen der
GANSKE VERLAGSGRUPPE